小学校の先生へ

石川 律子

溪水社

まえがき

この本は、小学校教師を退職して一七年を経た著者から、現役の小学校の先生方に贈りたいささやかなエッセイです。

著者はこれまで、学校教育とは何かと問われたら「子どもに知識技能と社会性を身につけさせること」と答えてきました。そのことを、拙著『小学校の教師――子どもを育てる仕事』と『小学校の子ども――学びの基礎をみつめて』に、実践記録をもとに考察してまとめました。小学校教育への思いはこれらに十分に著したつもりでした。しかし学校現場を離れ、地域社会にひたって生活するうちに、改めて別の視点で書き残しておきたいという思いを強くするようになりました。それは、学校を社会機構のひとつとして学校の外から客観視したとき、これまでその内側で見ていたのとは異なった展望があることに気づいたからです。

小学校という教育組織が、その時代の社会から何を託されているのか、それは時代とともにどのように変化してきたのか。社会の要請と時代を超えた普遍的価値の伝承とはどのように関連しているのか。その狭間で教師は何を考え、如何にして人間的成長を続け得るのかなどという根源的な課題について、まだまだ検討し深めていかなければならないと気づきました。

しかしながら、このような課題を正面から検討し、論理的に考察してまとめ上げるという力量は、自分にはまるでありませんし、残された時間もありません。ただ、現役の先生方に何某かの資料を提示して、それを参考に吟味し、ご自分の学校観や教師観をより確固たるものにしていただければ、それは大きな喜びです。

本著は前の二著と同様に、現役時代に書き留めた記録や資料類を整理して、いくらか検討しやすい順序に並べて若干のコメントをつけた、いわゆるエピソードをもとにした随筆とでもいう形式です。したがって、前述の深淵膨大な課題について何か結論めいたものを提示したいわけではありません。自身が体験した一九七〇～二〇〇〇年代にわたる実態からありのままに伝えたいと思います。ここに紹介するエピソードのほとんどは、特別な出来事や話題ではなく、当時の公立小学校のごくごく普通の様子です。読者には現在の小学校の様相と比べながら、変わりゆくものと普遍的なものとの色あいを感じ取っていただければ幸いです。

内容を大きく三つに区分しました。以下に概要を示します。

その一つは「時代と社会と学校と」と題し、七つの話題を提示しました。教育という営みは、古代ローマ時代に大人が暇な時を過ごす場として発生し、それが近代の学校になっていきました。人間は、生物的な存在であり、社会的な存在であり、また人格形成の存在でもあります。社会生活をしながら、自分のあり方や生き方を求め、人間形成をしていきます。そこに教育がかかわってくるのです。教育はまた、社会を成り立たせている人類独特の機能のひとつです。その場は、家庭、社会、学校などに分けられますが、特に大きくその役割を占めているのが制度としての学校教育です。学校教育の目的は、子どもたちに社会に生きる力を育てる、社会の構成員となるように育てることにあります。しかしその内容は、時代や社会とともに変化しています。ここに提示した一世代前の教育方針やその方法を現状と比較しながら、将来の世代を教育するという今日的課題を吟味していただければと思います。

その二つは「学校教育とはなにか」です。社会制度のひとつとしての小学校教育で「知識と社会性を培う」という本質的な目標がどのように実現されてきたか、ここでも七つの話題を提示しました。子どもは、教師や友だちとの関係を通して自分のあり方をみつめ、社会的人間になっていきます。教育論ではなく、教科指導や生活指導のその背後にある、学校でこそ教え得る大事なことはなんだろうかと考えてみました。生活環境は変化しつつ、その中で子どもたちは様々な経験をして成長していきます。その子どもの姿から、学校でこその教育を模索してみました。今日の学校風景と比べながらみていただけると幸いです。

その三つは「先生と子どもの関係」とし、六つの話題を提示しました。学校教育という営みは人間によってなされます。教師と子どもの生身の人間の相互作用により育まれていくものです。知識技能は、子ども自身が学ぼうとしてこそ習得されます。そうなるように教師は仕向け、そして子どもに教えつつ自らも子どもたちからの反作用を得て、教授技能や人間性も知らず知らず学んでいきます。そうやって教師と子どもはお互いが人間形成をしていくのだと思います。著者自身が社会人として、教師という職業を通して得た実感を綴りました。

諸々のことは、現役の時代には実感できなかったことですが、今にして強く思います。可能なら後で振り返って思うのではなく、現役の時に多少でも自覚的だったら、子どもとのかかわり方もいくらか異なったのではないかと思うのです。

著　者

目　次

小学校の先生へ

その一　時代と社会と学校と

人間は集団で社会を形成して生きていきます。社会生活がうまく機能していくように、様々な制度や組織がつくられ、相互に連携しています。その社会組織のひとつが学校です。そこでは、今までの社会が獲得し蓄積してきた諸々の文化を次の世代に引き継いで、社会が維持、発展することを目指して教育活動が行われます。

我が国の教育機関で学校という名称が用いられたのは、鎌倉時代の足利学校が初めてです。江戸時代に入ると、藩校、学問所、塾、寺子屋など各地で各様の集団教育が盛んになりました。明治時代には、富国強兵の目標を掲げて国の学制が整えられました。下って第二次世界大戦後は、アメリカ占領政策に基づく民主主義教育が進められました。国の目標や政策によって、公教育はその実現のために教育目標や教育方法の変遷を繰り返してきたのです。

学校史を念頭に置きながら、現行の教育基本法に基づいた、小学校教育の課題や理想などを問い直してみたいと思います。

応答する

学級担任の不在で補教に出ると、子どもたちのいろいろな様子が見えて楽しいものでした。

四年生の教室で、国語の視写をしている子どもたちの様子を見て回りました。ふとメモをしようとして、ボールペンを忘れてきたのに気づきました。そばのNさんに「すみません、鉛筆を貸してください」と言うと「いいよお～」と自分が今使っている鉛筆を差し出してくれました。席を回りながら少しして、Sさんに鉛筆を貸してくださいと頼むと「はい」と筆箱から新しいのを取って渡してくれました。Tくんにはハッとさせられました。彼は立ち上がって教室の後ろに行き、鉛筆削り器で削って、にこっと笑って鉛筆を差し出してくれたのです。私は貸してくれた子に鉛筆をそのまま返していたのでした。

それぞれの子どもたちの対応は、その子の社会性の表れです。相手の頼みに素直に応じていいます。さしたる理由なしの拒否は、社会性のない子ということになります。社会生活の場では他者と応答して両者に関係性が生じ、かかわりあいが円滑に営まれていきます。

学校での社会性の育成は、子どもの発達段階に応じて総合的に行われます。交友関係のあり方や、規則や約束事を守るといった道徳性なども含まれます。子どもは時には疑問や葛藤をもちながらも、やがて所属する集団の構成メンバーのひとりとして、その集団の活動を担っていけるように教育されます。

しかしその具体化は時代とともに変遷してきました。戦前の修身の時代では、年長者や権力のある者に対して従順にするという教育が行われて、国家体制も整えられました。戦後のアメリカ主導の民主主義の時代に入って、個人の人権が尊重されるようになり、自立した個が、国家社会の形成者となるように育成されてきました。しかしその「自立した個」の概念もまた、時代とともに変化してきたのを感じます。

個が自立するという内容のひとつに、社会性があります。社会性とは、人が生物的な存在から社会的存在へと成長発達しながら、社会生活への適応ができるようになっていくための要素です。またその成長発達は人格形成の過程でもあります。学校生活の中で子どもたちの社会性は、その時代、その社会の要請に従って育まれていきます。そういう子どもたちの姿を見ていこうと思います。

じょうだん

門の所で「おはようございます！」と五年生の二人連れと挨拶を交わしました。Oくんが手にしているノートを目にして思わず言いました。

「あっ、切り抜き帳を持ってくるのを忘れた！」

「いいよ、いいよ、しかたないよ、もう年なんじゃけえ」と彼は手を振りました。

「うえ〜〜〜ん」私は両手で顔を覆って泣き真似。

「じょうだん、じょうだん、じょーだん！じょうだんだってば！」

笑いながらも慌てたふうに彼は言いました。そして、隣にいるSくんに「サク、いいか、お前も言うなよ」と言って、二人は校舎に向かって行きました。

Oくんは、年を取ると物忘れをしてしまうと知った上での、冗談のつもりでした。それなのに泣かれて、よほど驚いたのでしょう。迫真の演技でした。慌てて「じょうだん！」と繰り返し、友だちにまで念押しして、まずかったという思いを二人分にして、修復しようと焦っていました。成長して社会性の根幹ともなるべきユーモアの素養の育成など、私は意識していなかったのですが。

「これはジョークだよ」「遊びだよ」は、子どもたちの間でよく出てくる言葉です。言葉遊びのようでもあり、その場の笑いも誘います。でも言われた方が受け入れられない時にはケンカも生じます。「ジョーク」と軽くいなされると、半ばごまかされたようで余計に気分が悪くなってしまうでしょう。しかし強く反発すると「ジョークの通じないヤツだ」と言われるかもしれません。素直に「ごめん」と謝った方がトラブルに発展しなくて済む場合もあるでしょう。

このような、友人関係のトラブルはユーモアという社会性の育ちのひとつとして必要です。きつい内容であっても「じょうだん」と笑いあってやり過ごす、また葛藤もして、いちいち深刻にとらえず受け流していくことも必要です。そういう過程のなかで人とのかかわり方の社会性を身につけていきます。ユーモアという社会性は、こうして獲得した一種の心の余裕かも知れません。

言葉遣い

二年生のTさんは、難聴のために週に一度、言葉の教室に通っています。担当の先生のノートの記述です。

「最近、大人ぶった言い方をするようになりました。計算を注意すると『いいじゃん』。また『かったるいよ』などと返すことがあります。だんだんと自信をもってくると傲慢になってくる面もあります。そこから次へどのように脱皮させるか悩みます。」

補聴器の使い方も十分に慣れて、学習の理解も進むようになっています。学級担任の先生と言葉の教室の先生とでは、言葉遣いや態度にも使い分けが生じてきています。学級担任とは口数は少ないけれど、言葉の教室の先生とは一対一のせいか気軽に話せるようです。そういう使い分けは、彼女の社会性が発達してきた証しでもあります。

子どもたちは、テレビなどのメディアではやる言葉を使いたがります。その言葉で、友だちが面白がっている話の輪に入り、友だちとつながることができます。仲間集団に所属するひとりとなります。授業中に誰かが発した言葉がみんなにうけて、緊張が解け愉快な雰囲気に包まれます。そうやって、学級の仲間意識も育っていくでしょう。

「こういう言葉は使わないようにしましょう」と指導するのはたやすいです。しかし、子どもたちの今置かれている環境の中で見る必要もあります。だから、言葉の教室の先生は、言葉遣いだけで注意するのをためらわれたのでしょう。

流行語やヤジなどを飛ばすのがいけないのではないです。笑って流していくこととそうではないこと、あるいは使い分けの時や場があるでしょう。言葉は人とのかかわり方の様々な要素をもっています。子どもが今どんな社会性を身につけつつあるのかを見極めるのも大事でしょう。

言葉の応答によって、集団や組織も育てられます。

学級会での例です。司会者が「何か質問はありませんか」と問い、みんなが黙っていると「質問がないので次にいきます」と進めていきます。こういう時は、司会者の問いかけに対して「ありません」「ないです」など、何か言葉を返すのが話し合いのマナーでしょう。授業では、発表者に対して、質問する、感想でも言うのがマナーだと教えられているはずです。学級会も同様です。沈黙は、了解したという意味ではなく、話し合いの集団の一員であることを拒否しているのと同等にとられる場合もあります。

二〇二〇年の春、アメリカの警官による黒人男性への暴行致死に端を発したデモが、瞬く間にアメリカから世界にも拡大しました。長い間、企業などは政治的な態度を明確にするのをタブー視してきました。しかし今日のアメリカをはじめ世界の企業では「問題に沈黙することは共犯である」というメッセージを表明するようになりました。個人が育てば市民社会も成熟してきます。もちろんプラスだけではなく、多様な意見をもつ人たちの社会には、別の課題も生じてきますが、これについてはまた別途考えたいです（p.14）。ここで強調したいのは、言葉の応答によってこそ他者とのかかわりが生まれるということです。言葉によって健全な社会が実現する、沈黙は社会性の拒否であるということは、学級会のエピソードから二〇年以上を経た現在も、ますます重要なテーゼになっているようです。

先生との対人関係

校長室に来ていた三年生のMちゃんが言いました。

「先生は、いいかげんだね。だって、『の』の字はつきでてはいけないのに、先生は突き出て書いているんだもん。」習字の時間に「の」の字の書き方を学習したのでしょうか。正しく書きましょうと教えた先生なのに、板書は正しい字ではなかったのをちゃんと見たのです。

でも先生をとがめる口調ではありませんでした。正義感の強い子なので、すかさず「センセイ！」と指摘したかもしれないです。でも言わなかった。もし言ったら、先生がみんなの前で恥ずかしい思いをするかもしれない、そういうことを分かっているから言わなかったのではないかと思います。集団の中でどのように対処したらよいかという、対人関係のあり方を分かっているのです。

先生の弱みをそっと受けとめたのは、好きな先生、信頼している先生だからというのもあるでしょう。かつて権威の象徴だった先生ではなく、子どもが先生と精神的に対等な関係で社会性を身につけていく姿を思わされます。

子どもは先生に対して、あるとき不信感をもつ場合もあるでしょう。またいつか似たような場面があり、そういうことが積み重なると、やがて不信感をもたないようになっていきます。そして「大人ってそうなんだね」と受け流すようになります。ある意味では純粋性がなくなる感じがします。でも人間は完璧な存在ではありません。例えば家庭で子どもに「片づけなさい」と強く注意するお母さんが、部屋を雑然としたままにしているということもあります。強がりを言ったり、弱みを見せたりと、人はいろいろな面をもっているのです。大人のいろいろな面を見て、反面教師として「自分は自分、こうしよう」と自律する社会性を身につけていくでしょう。

社会性が身についた姿は、大人になったね、世間が分かるようになったねなどと言われます。自己中心性を脱して、周りと協調できるようになる、自分の気に入らないことがあっても少々なら妥協できる、やり過ごすなどができるようになると、大人になったといわれるのです。潔癖すぎてはカドが立つし、なれあいになってはいい加減になります。どのように対処していくかは、人それぞれの社会性のあり方です。社会に適応するその人の個性でもあります。そのような個性が成熟して、お互いに尊敬されたり尊敬したり、愛されたり愛したりできる関係ができていくのでしょう。

社会生活での役割

新米の男性の先生に、こんなことがありました。五年生担任として初めての授業参観日、用意周到に整えた授業が無事に終わり懇談会になりました。その中でひとりの保護者から「板書で二四カ所、漢字の筆順や間違い字がありました」という指摘がありました。彼は職員室で「授業や懇談会の緊張よりなにより、それが一番こたえた」と机に突っ伏していました。保護者は、これからの若い先生を育ててあげようとの親心もあったでしょう。

社会生活の場がよりよく営まれるために、人それぞれが自分に任された役割をきちんと果たすように求められます。これも社会性の一面です。社会には諸々多様な仕事があります。農業、工業、運輸業、商業などがシステムとして互いに連携しあって、私たちの社会生活は成り立っているのです。その社会システムのひとつである学校は、教育という仕事を受けもっています。子どもの教育を責任をもって担当することが、社会人としての務めであり、教師の役割です。

新米ですからなどと甘えてはいられないのです。子どもへの責任があります。子どもの今は、今しかないのです。だから、保護者は漢字の筆順にも気を配って、知識や技能を正しく教えてほしい、そしていい先生になってほしいとメッセージを送られたのです。保護者は、新米先生のうまい授業展開ではなく、そういうところをみられたのでした。

もちろん、新人はうまく授業ができるはずはありません。失敗をしながら、周りから支えてもらいながら、経験を積んでいきます。そうして教師としての力量や、人格も形成されていきます。

漢字の間違いの指摘は、子どもを教育する基礎になる事柄を含んでいました。後になって、あのとき間違いを指摘してもらって、今の自分がある、そう思う時がやってくるでしょう。それが先生の育ちです。新米先生も親心の保護者の社会性も、これからの付きあいで相互に作用しながら様々に育まれていくはずです。因みに、この保護者は元小学校教師だったそうです。

大事にしている小さな花瓶が居間にあります。庭に咲いた鈴蘭やクチナシなどを活けて愛でています。高さ一二センチほどで、常滑焼のような深い土色の味わいがあります。これは、四年生のAくんにねだったのです。夏休みの工作品として、彼は陶芸教室で作った花瓶を持ってきました。なんともいえない形や色あいに惹きつけられました。「いいなぁ～」「ほしいよぉ～」と半ば冗談で、半ばは本気で、時折口にしました。「ダメ！これはボクのお気に入りだから」とそのたびに強く返されました。一カ月くらいたった頃でしょうか「しかたない、作ってあげるよ。教室は月一回だから待っててね」と言ってくれたのです。そうして手に入った花瓶を、クラスのみんなにもいっぱい自慢して、教室の事務机に学年の終わりまでずっと大事に置いていました。なんとまあ、大人げないことをしたものだと、今は思います。しかも教師なのに。それにひきかえ、Aくんの度量を感じます。彼は思ったでしょう。先生は小さい子みたいにダメと言ってもねだっている。いつも接している先生の姿からも、ダメと言っても欲しがっているなあと、分かる。先生という権威に逆らえないという部分もあるでしょう。ただ、少なくとも嫌いな先生だったら「作ってあげるよ」とは言わなかっただろう、そう自己弁護しています。今は三〇代半ばの立派な社会人になっているはずです。

教師は社会性が足りない、一般常識がない、と世間から言われます。教室は間違えるところ、失敗のなかで子どもは育つ、と当然のように言ってきました。しかし自分自身が教室でどれだけ失敗してきたことかと振り返ります。しかも失敗と気づかないままに。それでも教師の失敗を子どもはちゃんと受けとめてくれていたのです。そういう子どもによって、教師の社会性も育てられているのを改めて思います。

社会生活を円滑に営んでいくための、社会的な適応能力が社会性です。その社会性には人格の側面もあります。大人になったら、社会性が完全に身についているというものではありません。日々、社会生活の中で自分のあり方について、付け加えたり修正したりしながら、生涯にわたって人格も形成されていきます。

多種多様

一年生の個人カルテの記録を取り出してみました。

・Tくん――私が、ちょっと頭痛がするなぁと独り言を言ながら額をもんでいると「きょうはあばれたりしちゃだめだよ」

・Mさん――家の庭に咲いたバラを持ってきてくれた。花がひとつ折れていたのを髪に差したら「センセイ、かわいいよ」

・Iくん――言葉がきつい。「そんなんじゃダメだろ」「○○しろ！」と友だちに命令口調がしばしば。給食当番の時「オレが重いのをもってやる」友だちからは好かれている。四学年離れた兄が二人いる。

・Uくん――日本脳炎の予防接種で並んで待っているとき（現在は学校では実施しない）、列の前でお医者さんに腕を引っ張られて大泣きをしている子を見ながら、自分の頬をつねっている。どうしたの？と聞くと「こうしていると痛くない」目に涙が溜まっている。

それぞれの子の言動は家庭でのしつけや育て方によるのでしょう。ひとりひとりの言葉には、自分の思いがちゃんとあり、相手への優しさがあります。そういうその子らしさを損なうことなく、みんなで学習をする集団にまとめていくのが担任の仕事です。多様であるのをまとめて、しかも多様な個性を育てるという、一見矛盾するような指導を難なく行っていくのがまさにプロとしての仕事です。

近年、多様性という言葉が日常的に使われるようになりました。しかし、多様性は今日の現象ではなく、一九六〇年代のアメリカで注目され始めて今日に至り、経済、政治、文化など多方面にわたって、多様性が重要視されるようになりました。世界的規模で大きく流動する社会にあって、健全な民主主義の実現に多様性は不可欠な要素だといわれています。

それに対して、学校では社会の動きとは一見無関係に多様性をみていたように思います。多様性を当然の前提として、子どもの教育をとらえてきたようです。将来ますます複雑化する多様な社会に生きていく子どもたちに必要なことは何か、を考えながら教育活動を改めて眺めてみましょう。

頑張っていること

一月下旬、校門の所で登校してきた子どもたちに「今頑張っていることは?」と尋ねました。

二年生―ピアノ。いろんな曲が弾けるようになりたい

三年生―算数。「うまくいってる?」――まあ、まあ

三年生―そろばん
四年生―料理が作れる。お母さんとホットケーキも作るよ
五年生―文庫本を一月に一冊読むこと。「すごいねえ」――でもまだ…
六年生―夕方一日の反省をするのと本を読むこと
六年生―やせるぞお～！「やせたの見たいからね」――頑張るぞお～！
年初めに立てた目標を頑張っているのかどうかは分かりませんが、いきなりの問いかけにも即答で、バラエティに富んだ答えが返ってきました。

何を頑張っているのかは、その子が目標としていることでもあります。振り返ってみると、子どものみならず大人も生活の様々な場面において、目標をもって行動しています。目標をもって、計画的に実行し、結果を得て、次への挑戦に向かう、というサイクルの活動です。成果に自信をもったり、途中で怠けたのを反省したりするのも目標があってこそです。個が自立するための目標です。

社会生活は多様な他者がかかわりあって生きていく場です。そのために確立した自分をもっていなくては、多様性のなかに流されてしまいます。自分の考えをもって、不利益を被る場合には自己主張していかなくてはいけないのです。自己主張を正しくして、それを相手に受けとめてもらうためには、その集団内のルールを自分自身も守り、行動できることが必要です。それを理解し、社会に生きていく自己にならなくてはいけないのです。この自己を確立させるために、学校

では計画的に子どもたちに、それぞれの場や時に応じて、目標を定めては頑張らせていきます。自己は他者との関係によって自分自身が鍛え成熟させていくものだからです。

多様性をつくりだす

「みんなちがって　みんないい（注1）」と多くの学級目標に掲げられており、三年生の国語の教科書でも学習されています。友だちはひとりひとりが違っていると認め合うのは大事です。しかし、それが「みんないい」で止まっていては意味がありません。友だちの違いを認め合うことができる学級ならば、いじめもそんなに起こらないはずだと思います。

拙著に書いたことも、いくつか引きながら多様性について考えます。

学級には、なわとび名人、お助けマン名人、虫はかせ、絵本はかせなど、いろいろな名人や博士を誕生させています。できるようになったことや得意なことに賞状を渡しておしまいではないのです。それぞれの名人や博士になった者は、今度はその力をクラスの友だちに還元しなくてはいけません。なわとびは名人の○○さんに教えてもらいましょう、楽しい絵本の紹介を○○博士にしてもらいましょうなどとクラスに貢献しあって、得意が光り、友だちに学び合うという姿勢も育っていきます。クラスの中に多様な名人や博士を誕生させる意味がここにあります。個の特性が引き出されてみんなに還元されていって、個も集団も伸びるのです。

生物の世界では多様性が豊かな環境をつくり、種の持続も可能になります。同様に、教室の中に多様性がたくさん創り出されて、次の発展へと続いていくでしょう。

五年生の話し合いの時、意見を言うとすぐに「なんで～」と言う人がいたりして、発表できなくなるという声があり、みんなで話し合いました。

間違えると「エー」とか「ヒー」とか言ったり「バカじゃ」などと言われるので発表したくなくなる。心のなかではすらすら言えるけど、自分の時になるとドキドキして、もし間違ったら笑われるし、恥ずかしいし、声は小さくなってしまうし、いやだなあと思ってしまう…。

意見を言おうとしてもそれを阻害する声があると、言えなくなってしまいます。自分の言いたいことが言えない、聞いてもらえない。それでは、友だちがどんな考えをもっているのかが交わされなくなります。コミュニケーションは成立しないのです。学級は単なるなかよし集団を作るのが目的ではなく、切磋琢磨して学び合っていく集団でなければなりません。受けとめる集団があって、多様に言葉が交わされて、その意味を理解したり話を調整したりします。それに加えて大事なのは非言語による表現です。表情、しぐさ、視線などの非言語は、言いたいことをたくさん補ってくれています。だから「聞く」というのは、言語だけではなく、相手の言おうとしている内容を「聞きとる」ということなのでしょう。電話や外国人が相手だと、非言語は通じにくいので、言葉をいろいろ使って説明しなくてはならず、論理的に話すという技法も必要となります。とにかく、人との関係が結ばれるコミュニケーションとなる基本は「聞くこと」にあります（これについては、p.182でまた別に述べます)。

ともあれ、学級で多様な意見が交わされて、新たな考えも生まれてくるでしょう。それは話し合いに限らず、共同で製作する、演劇や合唱などいろいろな活動があります。学習というのは、多様な協働活動で作り出されていくともいえるでしょう。その根本である話し合いの仕方は、それまで様々に学んで身につけてきたはずです。しかし、できるようになった学級集団でも、時間が経てば崩れていきます。友だちのお互いが分かり合い、親しくなっているからこそ、聞かなくても言わなくても分かるようになり、なれあいになって基本は崩れていきます。形が整ったら完成ではないのです。発達途上の子どもたちは変化しやすいです。いつでも崩れる、そしてまた立て直していくというのは当たり前に起こり得ます。広く社会集団の歴史をふりかえっても多様性は流動的な面を含んでいることに気づかされます。

違いを知る

五年生のAさんが日記に書いてきました。

今ごろ、Kくんが私のことを「こいつはくさい」とか「くさい、くさい」と小さな声で班に言いに来ます。私はちゃんと歯みがきもしてきているし、お風呂にも毎日入っています。それなのに「くさい」と言います。

直接相手に言い返しのできない子です。でもこうしてちゃんと日記に書きました。自分の困っていることがあったら、なんでも先生に言いなさいと教えますが、子どもたちの中には言いたくても言えない子もいます。また先生に告げ口したと友だちに見られるのをとても嫌がります。すぐに先生に助けを求める弱い子だと見られるのは、自分のプライドが許しません。でもひとりで悩みを抱え込まないように教えていかなくてはなりません。

他者とかかわっていくためには、まず確立した自己が必要です。「頑張っていること」でみた通りです。ここでは、他者との関係づくりのためのコミュニケーションのあり方を「違いを知る」という面からみていきます。

子どもたちは「におう、くさい」ということに敏感です。それは、くさいにおいだけでなく、いい香りであっても「くさい」と言ったりします。大人にとってのオシャレやエチケットの香水であっても、子どもにとっては「くさい」においでしかないことはよくあります。

指導の仕方はいろいろあるでしょう。「におい」をテーマとして話し合うのも一つの方法です。物のにおいをどう感じるかは、ある子にとっては嫌なにおいであっても、そうは感じない子もいるなど様々です。人によっていろいろな感じ方、受けとめ方には違いがあることに気づくでしょう。また学年によっては「においで気づくこと」を話し合うと、煙のにおいで火事を知る、おいしい料理、食品の傷み具合、雨のにおい、動物のにおいなど多々あり、概念も広がって楽しいでしょう。

蛇足のようですが「くさい」とからかっていじめにつながっていく場合もあります。しかし「人の嫌がる言葉を言わないようにしましょう」という観念的な指導に終わらないで、多様な視点から眺めることを広げてやりたいです。

ただ、それぞれの違いを認めるともいわれますが、認めるというのは難しいものです。ここでは、その人の認識や感覚をあるがままに知ること、それだけでいいと思います。そして、違いをおもしろがる、楽しむように向けてやる、それが心にゆとりをもたらして、多様性が生かされることになると思います。多様性を意識した集団での学びは学校ならではの教育でしょう。

広がる

五年生最後の学級懇談会。担任から見た学級の子どもたちの成長を話した後、家庭でこの一年を振り返っての気づきを、保護者にざっくばらんに語ってもらいました。

・仕事から帰って、よくない所しか見ていない。「小さい時はあんなにいい子だったのに」とつい言ってしまう。

・人間関係に悩んできた。思うことをよう言わない。言いたいことが言えるようになってほしい。クラスのみんなにいろいろ言ってもらい感謝している。

・子どもの部分と大人になりかかろうとしている所とがある。うまくコントロールできないでいる。自分の中学時代の姿である。バレンタインのチョコをもらったのを母に隠した。

・勉強のことでやいやい言い過ぎてやる気をなくした。言わないようにしてから、分からないから教えてくれと言うようになった。このたび初めてバレンタインをもらって、自分の方が感激した。
・姉とあわせて母親が二人いるようなもの。素直。食が細い、体力をつけてほしい。
・まだ幼いけど、やさしさ、思いやりがある。もっとすてきなお母さんになろうと思う。
それぞれの言葉に、うなずいたり、笑い声をあげたりしながらお互いに子どもたちの成長を眺め合うひとときでした。親として何を大切にしているかという価値観もみえました。担任として気づかされたことも多くありました。家ではあのようにして宿題を頑張っているんだ、ああやってお母さんに甘えているんだなどと教室では見えない姿もうかがえました。これは、新しい何かを生みだすというような大げさなものではないですが、保護者と担任それぞれが、子どもの姿に新たな受けとめができたといえるでしょう。その後いつかどこかで、親どうしの会話があるかもしれません。「すみません、うちの子がいろいろ迷惑をかけていたみたいで」「○○と言われたけど、うちでも困っていて」など交わされる。何かあったら○さんに相談してみようなどとあるかもしれない。そんなきっかけにもなってほしいと思います。話し合いは、何かの解決のためではなく、ただ話し合う、それ自体に大きな意味があるのだと思います。それが、多様な価値観をもつ親から、多様性のある社会へと広がっていくだろうと願います。

人に親切にする

Nくんの日記です。

昨日、塾の帰りの電車の中で、つえをついた人が乗ってきました。ぼくが、席をゆずろうかどうしようかと迷っていたら、ぼくより小さい子が、席を立ちました。こんどからすぐに席をゆずります。

その小さい子はいっしょにいたお母さんに促されたのでしょう。Nくんは自分で自分の背中を一所懸命に押していたはずです。幼児の行動は彼に内省をさせてくれました。ここで席を譲ったかどうかは問題ではないのです。どうすべきだという自覚をもっていました。今後同じような場面に遭遇したらきっと譲ることができるはずです。教室での学習が、多様な人が生活している社会で実践されて、その子の生きる力が肉付けされます。学習は、社会にも通じているものです。

教室と社会とがつながっている学びですが、現在まではそうであっても将来も同じでしょうか。今まで「人に親切にする」ことは当然だとしてきた道徳性のひとつです。しかし将来、介護ロボットや、自動運転車などが当たり前になり、お年寄りや障害者への対応はロボットが活躍するようになっていくでしょう。すると困っている人を助ける、親切にするという場は少なくなるかもしれません。好意でやったことが不適切だったりもするので、よけいなお節介は慎重にすべきという指導も必要かもしれないです。そうすると道徳性の徳目も見直されるのだろうかと考えます。

価値観も多様性のなかで変容していくはずです。どういうのが親切なのか、なぜそうしなくてはいけないのか、人として大切にしたいことは何なのか、そういったことを教師自身が自問自答していく。固定化された学校教育独自の秩序や特別のルールなどを「それでよいのか」と問いかけ続ける姿勢が大事になりそうです。

生物世界の多様性は長い年月を経て生成されてきました。人間の行為がこれに負荷を与えたとしたら、この豊かな環境を持続させるために、将来に向かって大きな努力が必要です。その取り組みのひとつが二〇三〇年に向けて世界で合意した「持続可能な開発目標」です。(注2) 教科書にもSDGs一七項目についての学習が載っています。

グローバリズムの浸透するなか、新型コロナウイルス感染症のパンデミックによって、世界経済の前提にあったグローバリゼーションが遮断されてしまいました。経済のみでなく人の精神的な面も含めて多くの問題が発生し強く意識されるようになりました。その一方で、世界で英知を集めて、経済、医療、運輸など様々な方面に新しい取り組みが始まり、国際的な機関や話し合いの場が共有されています。まさに多様性が交わされる頼もしさが表れているようです。同時にまた、日本社会の過度な一様性、リーダーシップの弱さ、緊急事態への対応の遅さなど、その脆弱性が様々な面で浮かび上がってきました。平常時の効率性と緊急時の強靭性、一見相反した双方の価値を確保していくために、多様性についてはさらに知識と理解を深めていく必要があると思います。

学校教育も、子どもの教育について改めてみつめ直すときなのでしょう。社会も学校も、歩きつつ考え、考えつつ実行し、と動いていっているのです。

（注１）金子みすゞ「わたしと小鳥とすずと」『国語　三上』光村図書出版　2020
（注２）外務省『持続可能な開発目標（ＳＤＧｓ）と日本の取組み』外務省　https://www.mofa.go.jp/mofaj/gaiko/oda/sdgs/about/index.html

モノの名前

三年生が、社会科「スーパーマーケットのひみつをさぐろう」と、見学・調査したことを新聞にまとめていました。記事に「野さいのところに、せいさんしゃの名前と写真がありました」と書かれていました。同じトマトであっても「私が作りました」と、名前に顔写真まであるとただのトマトではなく、特別なトマトになります。子どもは大事なところに目を留めました。きっとその後の学習は発展していったでしょう。モノや人の名前について考えてみます。

名前のもつ意味

トマトに添えられた名前や顔写真は、単に消費者に買ってほしいだけではなく、生産者の姿勢も表しています。農薬や化学肥料をどのように減らしているか、あるいは有機栽培などの食べ物の安全への自負です。表示は、生産者の社会に対しての責任や義務の自覚でもあります。スーパーマーケットは子どもたちにとって身近な存在ですが、家の人と買い物に行くのと違って、このような見学・調査によって学校の学習の場となります。販売の仕事と消費者の関係を考えるとともに「特別なトマト」によって、生産者にも触れることができました。子どもが社会とつながっているという一端が浮かび上がる学習です。

人は必要なモノを入手して、モノに囲まれて生活しています。それらのモノにはすべて名前があります。例えばちょっと部屋を見回しても、天井、壁、床、敷居などすべてに名前があります。隣の部屋とを仕切る戸は、和室側は襖になっていて、それを戸襖というのだと建具屋さんに教えてもらいました。とにかく名前のないモノはありません。モノは人間が必要に応じて作り出したのですが、自分の知らない誰かが作ったり、あるいはどこかの工場で作られたりしています。社会には様々な製造業があり、それらと自分とがモノの名前でつながっています。

そして、モノは最初の用途や形を保って存続するとは限りません。人の生活様式が変わると必要とされなくなるモノもあります。モノがなくなると、その名前もモノが含んでいた意味も消えてしまいます。しかしすぐに新たなモノが生み出されて時代が動いていきます。今日では、生活の場にもＡＩロボットが活躍しています。やがて近い将来、自分も介護ロボットのお世話になるかもしれません。もちろんその時には、ロボットにすてきな名前をつけようと思います。いずれにしても、モノの名前はその意味をもって、社会生活をする人とのかかわりや歴史的な事柄なども内包しています。そのような名前のもつ社会的な意味とは、どのようなことなのでしょう。

子どもがスーパーマーケットの見学・調査で目にした、特別のトマトの鮮やかな朱色を想像しながら、私が幼かった頃口にしたトマトを思い出します。家の裏の狭い土地に祖母が畑を作っていました。おやつにもいでもらったトマトは、半分青かったけれど、おいしく、においも覚えています。トマトとのであいの原風景です。

　そのような、モノにまつわる思い出は人それぞれにあるでしょう。世代の異なる人たちと話した時、小学一年生の時の国語の教科書が話題になりました。「サイタ　サイタ　サクラガサイタ」「しろ　こい　しろ　こい」だったなどと時代の違いが浮かびます。令和二年度の一年生の国語の教科書[注1]を開いてみました。表紙をめくると、見開きページの大きな絵、子どもたちがリュックを背負って遠足に出かけているのがワクワク感を誘います。「さあ、どんなものがあるかな？」と先生が問いかけると、子どもたちが「小鳥、ねずみ、キノコ、灯台、木の切り株」などなど答えるのはモノの名前です。子どもたちが知っているモノの名前を確認し合って楽しむことから学習がスタートしています。

　知識を習得するというのは、まず固有名詞や普通名詞を覚えて概念を広げていくことです。歴史でも、人物名、場所名、事柄の名称を覚えると、その時代の様相が分かります。事象の背後にある時間的、空間的な諸々の出来事を学習します。学校の学びは、こういう知識の習得を積み重ねていきます。知識の習得によって考える基礎をつくり、社会生活を共有する場を広げていくのです。

名前の背景

例えば、地名がそうでしょう。その土地の地形、山川、歴史などが多くの地名に含まれています。近年豪雨による土砂災害があちこちで発生しています。山地が開発されて団地ができ、新しい地名がつけられています。かつてその地は「竜が谷」と呼ばれており、昔からたびたび山崩れが起きていた、という話を地域に長く住んできた人から聞いたりします。地名はその土地の形状を基にした災害の伝承も含んでいるのです。

地名は不変ではなく、時代によって変えられます。町村合併で愛着のある名前が消えてしまい、地域の伝承も失われていきます。住む人にとって愛着があるといっても、思い出したくないという人もいます。外国で、戦争によって「スターリン道路」と名付けられて嫌悪したという人の言葉がありました。北海道のアイヌ民族の人たちは、神とともに自分たちが暮らしてきた土地を追われてしまいました。政治によって住む所や地名が変えられた歴史もあるのです。

もうひとつ、四年生社会科「ごみのゆくえ」、ごみを分別する理由を考える授業を参観した時のことです。後ろの席の男の子が叫びました。「これ、ぼく、ごみをもってるの⁉」胴体がまだら模様の鉛筆を手にしていました。たまたま先生が「鉛筆などの文具もリサイクル商品になります」と言われた時でした。しかし、先生には彼の言葉は聞こえなかったのでしょう、次の発問に移っていかれました。男の子は、しばらく手にした鉛筆を見ていました。

後で先生に尋ねると、彼の言葉は聞こえていたけれどそれを取り上げると、授業がおしまいまでいかなくなる心配があった、と言われました。研究授業では、計画通りに授業展開する必要もあります。社会科がご専門ではなく、子どもの突発的な発言に対応できなかったのもしかたないでしょう。でもその子のためには残念でした。きっとどこかでフォローされたと思います。その男の子にとっては、鉛筆という概念がぐるりと変わってしまったときでした。

知識の習得は、モノのもつ意味を知り概念を形成することです。しかし概念がそのモノのすべてを語っているとは言えません。しかも常に不変とは限らないのです。殊に科学の世界では、研究の成果によりいったん確立された理論が否定されることは当たり前に生じています。そうしてまた新たな研究により新説が発表されます。そういう繰り返しで科学は絶え間なく進歩していきます。特に高学年では、ときには固定観念を揺さぶったり、崩してやったりして、柔軟な思考ができるよう育てられていくことが大切です。

本の題名・子どもの名前

『タイトル読本』(注2)は、苦心惨憺して題をつけている作家の方々のエッセイです。文学作品にはすべて題があります。それは「作品の顔。内容の大切な一部である。その作品の全体を象徴するもの。作品の特色を表すもの」などとあります。丸谷才一は「本文と表題が極となって、そのあいだに意味の電流が流れる」といっています。本の題名によって売れるかどうかも左右されるそうで、作家や編集者が苦心されるのも当然でしょう。本屋の書棚に並んでいるのを読者に手に取ってもらわねばならない、買ってもらわねばならないのです。だから本の題名は、適当につける、というようなものではないのですね。

学級の子どもたちには、ミニ日記に題をつけるようにと言っていました。それは何について書きたいのかを明確にもたせるためです。書くことを通して、考える子に育てたいというねらいからでした。そのように育ったかどうかは分からないですが。子どもたちが「題名」を意識するのは、多くは作文などからでしょう。しかし子どもが題名を悩むというのはあまりないようです。「家の人について書きなさい」とか「この間の遠足について書きましょう」などと先生からテーマが与えられたときは、題名も無難に定まります。もし自由に作文を書きましょうとなると、子どもはきっと悩むのでしょう。夏休みの課題などで自由作文があると「何を書いたらいいのお～」と家の人に尋ねたりして大変でしょう。

言いたいことや内容を一言で表現するのが題名です。コピーライターという職業もありますが、電子書籍やネット通販の時代にあっては、題名やキャッチコピーなどの表現の仕方は以前とは変わっているでしょう。ただ「何を伝えたいのか」というのは変わらない中心課題です。

子どもの名前も、親はあれこれ考え願いを込めて名付けることに変わりはありません。入学式や卒業式の折に参列者に手渡される、式次第などが書かれた「しおり」があります。そこには、子どもの名前が書かれています。ところが、男女混合で記されたその名前の漢字がとんと読めないのです。「柚萌」「勇吹」「琉鳳」「優咲」などとあり「ゆめ」「いぶき」「りお」「ゆら」とふりがながあってはじめて了解しますが、男女は分かりません。今どき「〇男」や「〇子」などで区別できるような名前はまず目にしないようです。

壇上で卒業証書を受け取る姿を見て、名前と顔とを一致させると、その子自身が浮き立って見えてきます。名は体を表す、に重なる子もいれば、意外さにほほえんだりもします。その子の名前の由来をそっと想像します。名前には流行があり、その時代の社会的な背景が読み取れます。卒業式で歌われる「仰げば尊し」は「身を立て名をあげ　やよ励めよ」と歌われます。「身を立て、名をあげ」というのは立身出世を鼓舞していると批判された時もありました。しかし、卒業後も心身修養を目指すことは大事です。自分の名前を大事にして、社会に強く生きていってほしいという子どもへの願いです。

どうぞよろしく

一年生の国語教科書に「どうぞよろしく」というページがあります。名札を友だちと交換して、お互いに名乗りあって親しくなろうという学習です。大人の社会での初対面の名刺交換と同じです。

映画『男はつらいよ』は、寅さんの口上で始まります。「私、生まれも育ちも東京葛飾柴又です。

姓は車、名は寅次郎、人呼んで風天の寅と発します。…以後、見苦しき面体お見知りおきおかれまして今日後万端引き立って宜しく御頼み申します。」寅さんの表情、声が彷彿としてきます。

人は初対面の場で名乗りあって人間関係が始まります。しかし名前を名乗らない、相手の名前を尋ねない、ということもあるのです。

『オデュッセイア』では、豚飼いは素性を尋ねもしないでオデュッセウスを歓待しました。また妻のもとに帰ってきたオデュッセウスは自分を明かさないで話しました。意図があってのことですが、相手に名前を尋ねない、明かさないこともあるのです。折口信夫の「まれびと」も、訪ねてきた人の名を問うてはいけない、ただそのままに受け入れもてなすとあります。もしかすると、乞食の姿に身を変えている神かもしれない、来訪神です。万葉集の時代から、異人は異界からの神として、人々を悪霊から守ってくれるとする伝説があります。

欧米の社会では初対面でまず名前を呼びあうのがマナーです。この影響でしょうか、日本でも今は気軽く名前を尋ねあって知りあいになります。しかし従来、日本の大人の社会では、ぶしつけに名前を尋ねるのは相手に対して失礼とされてきました。それで「おたく」「そちらさま」などと距離をとった言い方をします。名前を知りたい時には「失礼ですが、お名前を教えてください」「お名刺をいただけますか」などと、相手の立場や気もちをおもんばかって断りを入れます。初めて接する他者には丁重に応接しなくてはならないのです。名前に「様」「さん」などと敬称をつけて敬意を表しています。また「あのかた」「このかた」「むこう」あるいは「お東さま」など方角で表現したりします。名前はその人自身であるから、じかに名前を呼ぶのは、その人の体に触れるのと同じで、大変失礼なのだという意味です。家族でも年上に対して「おじいさん」「おばあさん」「おとうさん」「おかあさん」あるいは「おにいちゃん」などと代名詞で言います。自分より年上の人を「ケイスケさん」「チヨさん」などと名前で呼ぶというのはあまりないです。自分より年下の妹や弟に対しては名前を呼びますが、年上に対してはそれなりの敬意をもって表現しているのです。

少し前に『崖の上のポニョ』というアニメーション映画を観た時、五歳の息子が母親にむかって「リサ」と呼んでいて、たいそう違和感をもちました。宮崎駿監督の描く「リサ」は完璧な母親ではなく、せっかちで失敗も多い母でした。息子との発展途上の親子関係を表しているのだろうかと想像しました。

石碑に刻まれた名前

沖縄の摩文仁の丘に並び立っている「平和の礎」には、沖縄戦で亡くなった人の、国籍、軍人、民間など区別なく名前が刻まれています。毎年六月二三日の沖縄の終戦を祈念する日のニュースに、涙をぬぐいながら碑の名前をなでている姿が映し出されたりします。二〇一八年現在二四万一五二五名。子どもの名前が分からないのは「〇〇の子」と親の名前で記されています。この子が生きていた証しです。それから先の人生があったはずのこの子の名前なのです。

私の叔母は、建物疎開作業中に被爆して、引率した女学生ともども行方不明となりました。彼女の勤務していた安田高等女学校（現安田学園）を訪ねたのはつい五年前のことです。正門を入った横にある慰霊碑に、亡くなった職員一三名と女学生二八七名の名前が記されていました。「どこでどうやって死んだのやら」と娘を見つけだしてやれずに、悔やんだまま亡くなった祖母にようやく伝えました。それは碑に刻まれた名前が強く目に入ったからでした。

広島の平和公園には動員学徒慰霊塔があります。太平洋戦争中に、食糧増産、縫製作業、工場作業などの勤労奉仕に動員されて亡くなった、全国の国民学校、中学校、高等学校や大学の学徒を慰霊するための塔です。裏面の銅板には、犠牲となった学徒の全国の出身校三五一校名が記されています。広島文理大学には、当時ジャカルタからの留学生もいて、二名被爆死しています。

そのインドネシアの首都ジャカルタの中心部にある墓地を訪ねました。当地で仕事をしているN子さんが自動車を手配してくださいました。徒歩でゆっくり歩いていくつもりでいたら、とんでもないと笑われました。ジャカルタの街中は大変な車の洪水で、側道などの歩道はなく、横断歩道も用をなさない、人は渋滞の車を縫ってじょうずに道路の向こう側に渡っていくのです。墓地の中にはスカルノ大統領の棺も展示されていました。建国の父と言われた人を身近に感じます。日本兵の碑が門に近い所にありました。「廣安梯隊　戦没三十勇士之碑」の背面には「昭和十七年三月三〇日於当地付近戦死者」陸軍少佐以下三〇名の肩書と名前が書かれています。ジャカルタのこの地が戦場となった事実を、戦死した兵士三〇名の名前が厳粛に伝えていました。戦った相手のオランダやインドネシアの兵士たちもたくさん亡くなったはずです。後日N子さんから届いたインドネシアに関する本で歴史の詳細を知りました。（注3）石碑に刻まれた名前はその背後の出来事も含んで、時空を超えて記憶されていくでしょう。

これとは反対に、ハンドルネームを使い本名を名乗らずに、また匿名で交わされるSNSはどうでしょうか。人と気軽にかかわり、他者になった気分で交流を広げる楽しさもあります。他者性によって万一の場合には自分を守ることもできます。しかし、それが自己本位の感覚になってしまい、他者の人間性を客観的に見なくなることも生じます。一方、内容によっては実名でないと信用しがたい面もあるので、きちんと名乗りあって交流しているのも多くあります。SNSはプラス面もマイナス面もありますが、いずれにしても、石碑のような固定的な名前の記憶装置に比べると、流動的で変化に富んだメディアです。新しい時代にはこのような技術がどんどん社会に浸透してくるでしょう。懸念されるヘイト情報の拡大などにつながらないように、適切な利用方法を身につけるのは、子どもにも大人にも切望されます。日経歌壇（2020.5.16）に新発田つくるさんの短歌がありました。

あだ名しか知らぬ相手のなまえ知るなんだか妙にさびしくなった

名前はその人の存在を現実にひきよせます。諸々の名前の、社会的、歴史的な意味は、まだ多様に広がっています。

（注1）小学校国語『こくご　一上』光村図書出版　2020
（注2）高橋輝次編著『タイトル読本』左右社　2019
（注3）倉沢愛子『日本占領下のジャワ農村の変容』草思社　1996ほか

あいさつ

夏の終わりに、東京駅で東海道新幹線下りホームの一号車の乗車口に立っていました。そこにアジア系の顔をした高校生くらいの一〇数名、中に三、四名の女子がいる集団が通り過ぎて、もう一方の乗車口のところに行き団子状になりました。引率の日本人の女性が指示して彼らは二列に並ぶ。全員濃紺の上下の服に紺色の帽子を着けている。そばを通り過ぎる時、胸元に日本の国旗と紺と赤色の模様の国旗が交差する刺繍が見えました。フィリピンの国旗であろうか。彼らが乗り込むと、引率の女性はホームから手を振って見送っていました。

車内ではみんな静かで話し声も聞こえません。「後五分で浜松」のアナウンスに彼らはリュックを背負い、到着したホームには、白いワイシャツの中年男性二人の笑顔が見えます。みんなはその二人に向かって行きつつ、軽く頭を下げる子二、三人、帽子をとって少し頭を下げた子一人、脱帽して深くお辞儀をした子一人、他の子たちはそのまま出迎えの人に直進します。こちらからは表情は見えなかったのですが、それぞれの背中には、緊張と安堵のようなものが感じられました。

企業か何かの研修でやってきたのでしょうか。日本での初対面の人にどのように挨拶をするかは教えられていなかったか、教えられていたとしても、とっさにできなかったのかもしれないです。自国の習慣化された挨拶の作法は、異国の場では自然には表しにくかったのでしょうか。彼らは、日本でこれからどんな生活を始めるのでしょう。

「挨拶」は、近世に禅僧が中国から持ち帰ったもので「問答すること」と柳田国男にあります。それが民間に広がって人と会ったときに交わす言葉や動作、応対などをいうようになりました。挨拶の仕方は、言葉、動作・所作その他様々にあります。手話は言葉に入るでしょう。言葉には動作も伴って、お辞儀をする、握手をする、ハグする、挙手をする、口づけをする、合掌して目礼をするなどいろいろです。宗教に基づく所作もあります。特別の集団や組織の様式は、警察、消防隊などの敬礼や演劇などのステージでの挨拶もあります。高速道路で他府県に入った折目にする横断幕に「ようこそおいでませ」と方言での出迎えなどもあります。その他に挨拶状もありますが、ここではあまり広げないで初対面や日常の挨拶などを主に取り上げていきましょう。

初対面での挨拶の意味は「私は悪人ではないですよ」「あなたの敵ではないです」と伝えることです。それに対して受け手の方も同様の所作で応じます。笑顔とともに。この挨拶によって、お互いのかかわりがつながります。挨拶は人間関係の始まりです。

道徳科に、人とのかかわりに関する内容項目に「礼儀」があります。第五学年・六学年には「時と場をわきまえて礼儀正しく真心をもって接すること」とあります。子どもにとっての挨拶の時や場による意味を社会生活の中からみていきましょう。

おはようございます

日常生活は朝の挨拶「おはようございます」からスタートします。この「おはよう」は、本来は「労働」からきているのです。「早く起き出しましたね」と勤勉をたたえる意味です。それで思い出すのは、子どもの頃、祖母が近所の人と交わしていた「オハヨウアリマス」という挨拶を、なぜオハヨウがアルのだろうかと不思議でした。長じてから「○○デアリマス」というのは広島弁で、オハヨウを丁寧に言っているのだと納得しました。しかし、朝早くから起きて仕事につきましたね、とお互いをたたえる意味は、今では消えてしまって単なる朝の挨拶言葉になっています。

当たり前の「おはようございます」の挨拶でも、気もちよく発する場合と、下を向いたままの挨拶とでは、印象は異なってきます。登校の子どもたちが、近所の人に挨拶をするのを、地域の人は「子どもたちがよく挨拶をしてくれます」と誉めます。挨拶ができることは、言葉を発するだけではなく、相手に対する気遣いが込められています。社会の他者へ思いを寄せることができる、それは社会生活ができるようになる一歩です。子どもたちの挨拶は「学校はちゃんと教育している」という地域からの学校教育の評価の一端でもあります。

英語圏の朝の挨拶は「グッドモーニング」です。ウイーンにいるとき交わしていた「グリュースゴッツ」は方言の挨拶ですが「神様のご加護を」といった意味あいもあります。宗教から来ている挨拶言葉もいろいろあるでしょう。国や文化の違いを知ると楽しいものです。

インドネシアでの経験です。ビジネスのビルに入った時、N子さんが知人に私を紹介しました。するとその人は私の手を取って手の甲に口づけをされました。目上の人や尊敬する人への丁寧な所作だそうです。家庭を訪問した時にも、小学三年生と高校生の子どもたちも同じように手の甲に口づけをしてくれました。年配の女性は抱擁し、男性は合掌した手を前に倒し頭を下げられたので、こちらも合掌の指先を前に倒して応じました。ヒンズー教にイスラム教の混じった、宗教の意味あいもあるのでしょうか。

始めと終わりの挨拶

スーパーマーケットの売り場の奥の方に従業員の出入り口があります。その扉を出入りする従業員さんが、売り場の方に向かってお辞儀をされます。百貨店でも目にします。売り場は仕事の聖なる所、という受けとめが感じられて、こちらも身が引き締まるようでした。

スポーツの場で、サッカーや野球をする子どもたちが、練習の前後には一列に並んで帽子を取り運動場に向かって礼をしています。剣道の場合も正座して両手をついてきれいなお辞儀をしています。けじめの清々しさを感じます。スポーツが、勝つためのみではなく心身ともに鍛錬する「道」といわれる所以です。

小学校の運動会でのことです。一年生の紅白玉入れ。競技終了のピストルが鳴り、みんなで玉の数を数えて「白の勝ち！」と審判が旗を上げると、白組の子どもたちはピョンピョン飛び跳ねて大喜び。「白組に拍手をしましょう」と言われても、赤組の子たちはふてくされたように下を向いていて、砂を掴んで投げる子も。「向かい合って挨拶をしましょう」と言われても赤組はお辞儀をする子は少なかったです。そりゃあそうだよね、と苦笑しました。互いに健闘をたたえる、礼儀の挨拶、けじめの挨拶、と強要されても心が向かないとできないことを、一年生は素直に見せていました。でも練習の時にはきちんと拍手や礼をしていたのでしょうね。

日常社会での挨拶

日常の挨拶は、地域社会の見知った人間関係のある共同体では、とくに重要です。挨拶を交わして、共同体の成員であると認めあうのです。もし、挨拶をしないで通り過ぎると、挨拶ひとつできないのかと批判されるし、まだ子どもだとみられてしまいます。挨拶ができることは共同体で一人前とみなされます。人間関係の礼儀としての挨拶は、社会生活を営む人としての行動様式です。それは、儀礼的・社交的なものであっても、相手への敬意や思いやりなども表しています。人にものを尋ねる場合も「すみませんが…」「失礼ですが…」とひとこととっかかりの言葉を言います。いきなりの質問はしません。人に問いかける挨拶の言葉があって、会話に入ります。コミュニケーションが始まります。挨拶はコミュニケーションをする上での最低限のマナーです。

また「ご挨拶だね」と返す言葉もあります。仲間うちで自分の意に反する言葉を言われたりした時に返されます。上手に切り返して、きつく響かないようにその場を和ませてもいます。皮肉などは、それをお互いが皮肉だと理解する知性も必要でしょう。

式や会の始まりに先立って、主催者や来賓などの挨拶があります。それは、ひとつのセレモニーであって、参集へのお礼や、会の意図などを盛り込む、形式的に必要な挨拶です。この挨拶が面白くないとよく言われます。挨拶に立つ人の話術の責任もあるでしょうが、もともと形式的なものであって面白くないのはしかたないでしょう。もし挨拶がなかったら、王様が冠を被らないでみんなの前に立つようなものです。セレモニーの場に王様の冠は必要です。また、面白くなくても挨拶を聞くというのは社会生活には必要な礼儀です。話し手と聞き手との関係性が生じている場を、ひととき共有しているのですから。

関心をもつ

挨拶はいずれかが発して、自分と相手との間に何らかのかかわりが生じます。しかし、何も発していない両者にかかわりが生じる場合もあります。相手は気づかないけれど、自分の身が受けとめるようなことです。惻隠ともいえます。相手やその場を知っていながら、知らない風を装うのです。相手をおもんばかって見て見ぬふりをする、それは無視とは違っています。無視は相手を拒否していますが、見て見ぬふりは、少なくとも自分の心にはとめているのです。

見て見ぬふりをしたことがあります。町中でバス停に立っていた時、通りのたくさんの人の間を縫って、初老の野宿者が木の棒を杖にしてトコ、トコと歩いてきました。彼を、以前に公園で遠くから目にしました。その時は杖をついていなくて、大きく前かがみでした。いまも九〇度に曲がった腰、それでも足取りはわりにしゃんとしています。周りの人など意に介していない風です。私は目の前を通り過ぎていく姿を見ないように、目をそらしていました。彼が五、六歩向こうに行ったとき、バス停に並んでいた高年の男性がそばに行き、肩をたたいて千円札を差し出しました。ちょっと立ち止まった彼は下を向いたまま、顔の前の紙幣を手に取って、そのまま何事もなかったように歩いて行きました。互いに言葉は交わされることなく。

初老の野宿者は、物乞いではないです。淡々と自分の世界を歩いている、という感じでした。憐れみをもって見ては失礼なような、しかし何もしようとは思わなかった不甲斐ない自分を思いました。この場での表だったコミュニケーションはありませんでしたが、野宿者、紙幣を差し出した人、傍観していた自分の三者に、人間関係は生じていました。儀礼的無関心と心理学にあります。(注1)

見ず知らずの人どうしが時や場を共有する状況がいろいろあります。そういう場のひとつの「巡礼」で交わされる挨拶があります。四国の八十八カ所巡りをした人に聞くと、多くは目礼をしてすれ違ったそうです。スペインのサンティアゴでは「ブエン・カミーノ！（よい巡礼を）」と交わしたとのことです。それは国や老若男女関係なくみないっしょの挨拶です。共に居る場が他者どうしを対等にしています。みんな仲間、という意識で受けとめあっています。「お互いに元気で行きましょうね」など暗黙の励ましが通いあいます。思いがけず宿舎で再会して、まるで旧知のように語りあったり、メールアドレスを交換したりなどもあったそうです。挨拶でかかわりも発展していきます。

子どもたちが職員室に出入りする折に「しつれいします！」「しつれいしました！」と叫ぶように大きな声で言います。特別教室の鍵を取りにきたり、教頭先生に渡し物をしたりなどの用事のためです。「なぜ、あんなに大声で言うのですかね？」と地域の人に聞かれました。

子どもは、だいたい大人に対して積極的にものを言えないものです。「おはよう」や「ただいま」も、たまたま出会った人には言わないです。見守りの人や近所の大人から声をかけられてから返すのが多いです。自分から進んで挨拶をしましょうと指導もされますが、中学生くらいまでは自らは発しにくいのです。でも高校生くらいになると、近所の人に自然に挨拶ができるようになります。大人になったからです。他者をはっきりと他者と認めることができるようになったから自分から言える挨拶です。

だから小学校の子どもたちは、日々挨拶言葉を発する練習をしているのだと思います。小声では練習にならない。大声だと「練習中です！」と宣言していることになるから、意識的に声が出せるでしょう。それでも、六年生にもなると、適度な声で職員室や事務室などに出入りするようになってきます。

他者を認識すると挨拶ができるようになります。まだ言葉を発しない赤ん坊でも、誰かから何か物をもらった時に親が「ありがとうは？」と促すと、首をこくんと下げる所作をします。その所作は何とも愛くるしく、かかわりが通じてこちらもうれしくなります。親が他者に感謝するということを教えたからできるようになったのですね。親が子どもに教えなかったら、感謝を表すことができない子になります。気もちを言葉や態度に込めた礼儀は、一朝一夕には身につきません。ふだんからの折に触れての教えや練習が必要でしょう。

外国からの観光客も多く見かけるようになりました。せっかく学習をしている英語で、気軽に挨拶ができる子になってほしいです。なによりも挨拶は相手を思う気もちがあってこそ通じます。他者への関心は、他者とのかかわりの始まりであり、人間関係へとつながっていくのだと思います。

（注1）『コミュニケーション力を育てる』児童心理　№995　金子書房　2014　p.13

対人関係

折々に子どもたちと交わした言葉をメモしたノートがあります。子どもたちの言動からは、友だちや家族などいろいろな人とのかかわりによって育っていく様子がうかがえます。

一年生になって間もない二人が職員室前で声をかけてきた。「給食室ってなあに?」。「行ってみようか」と、食缶が並んだ給食室の下の窓の所にしゃがんで見る。「天井で扇風機、回ってる」「下も!」「あっ、ここにも回ってる!」「たいへんそ〜」。中では調理員さん方が立ち働いている姿が見える。

一年生は担任の先生から「分からないことがあったら、なんでも聞きなさい」と教えられたのでしょう。それが、たまたま出会った校長先生に向かって実行されました。それで担任の先生から校長先生へと人とのかかわりが広げられました。そして、給食室の作業の様子を、複数の扇風機が回っていることで理解しました。そして私の方も、一年生の分かり方の、視線を学ばされた出来事でした。学校生活の場は日々、先生や友だちなど多様な人と人との関係が生じています。そのなかで子どもたちは、人とのかかわり方を身につけていきます。それは、学校教育の目標である、学力をつけることとは別の、もう一つの学びです。

人は、家庭、学校、職場などの諸々の組織や集団で、社会生活をしています。社会生活というのは人とのかかわりです。いろいろな人たちと接するとトラブルも生じます。上手に人と付きあう術も必要となります。そして、人とかかわる根底に大事なのは、自分はどうありたいのか、という自分の思いです。自分の行動様式や価値観などを含んだ、自立した人格で人とかかわっていきます。この人格は、生涯にわたって形成されていくもので「人格の完成を目指して」と教育基本法にある通りです。

人と人とのかかわりは対人関係です。人間関係ともいわれます。両者は同義的に用いられますが、若干違いもあります。人間関係は、社会の組織内での心理的な対応を含む、複数の人間どうしのつながりを意味しています。対人関係は、主に個人対個人の関係に焦点を当てています。人とのかかわりあいの基本的な単位は二者間の相互作用ですが、社会の人間関係と対人関係とは複雑に重なりあっています。ここでは対人関係を意識してみていこうと思います。子どもは学校生活で友だちや先生などと、どのように対人関係を深めていくのでしょうか。

友だち関係と思いやり

職員室前の廊下で下校する一年生の二人連れと出会いました。Uくんが私に向かって言いました。「Mくんはいつも人の話を聞かんから、いつも先生におこられるんだよ」「おわり、おわり」

Mくんは U くんの口を手で塞ごうとします。「人が話しているとき、自分のことばかり話してる。ちゃんと聞きなさいって、先生に言われるだろ」「おわり、おわり」Mくんは U くんの服を引っ張って行く。「さよなら、車に気をつけてね」と二人の背中に言いました。なかよしの友だちだから何を言ってもいいけれど、他の人にまで聞かれるのはちょっと気まずいのです。

なかよしの友だちは率直に指摘できるし、言われた方もまずいところは自覚しているから立腹もしないでしょう。くったくのない子ども時代の友だち関係は、たとえケンカしてもすぐに仲直りできるものです。これが社会人になるとそうはいかなくなります。「親しきなかにも礼儀あり」と、相手の立場をおもんぱかるなど、気遣いをするようになります。「忖度する」こともあり、その必要性もあります。もっとも、行き過ぎると利害や上下関係に基づいて不正を働く問題も生じます。対人関係の基本となる思いやり、心づかいは、小学校時代の友人関係を基盤にして育まれるといわれます。

修学旅行の土産物店で目にしました。Sくんが、刀に蛇が巻き付いたキーホルダー（五〇〇円）を手にして、レジの方に行きかけたり戻ったりしている。「あ〜、弟に買わんといけんし、一年生のもいるし…」。弟は双子だし、遠足でペアになった一年生のパートナーからは手作りのテルテル坊主をもらっている。とっても気に入ったキーホルダー。でもお小遣いは限られている。その後彼はどう決断したのでしょう。親、兄弟、そして一年生などとの親密な関係性があって思いやりの心情も育まれます。そして、お互いの気もちの通いあいがあって、対人関係もより深まります。

四年Oくんのマフラーも同様です。「ぼくが考えたやり方、こうすると落ちないんだ」と言って首に巻いて見せてくれました。「母さんが編んだマフラーと手袋。すきなんだあ〜」。朝、お母さんとどんな会話をしてきたのだろう。マフラーと手袋には名前の印のアップリケが編み込まれている。たびたび落とし物をする子です。お母さんの愛情を再確認するような言動です。心情を育むといいますが、それは一方的に思いやるだけではありません。お母さんという他者からの思いやりを受けとめて、両者の相互作用によって心情が育まれていきます。

共感する

六年Dくん。「先生から、三人組がいじめられている話を聞いたんだ。オレ、ああゆうの許せない。絶対見つけてやるよ。オレも前やられてたから分かる」吐き捨てるように言って走って行きました。いじめと聞いて、他人事ではない切実感に突き動かされていました。Dくんは、学力は今ひとつの子です。が、人間としての熱い情があります。いじめられた友だちへの強い共感があります。

いじめが発生したとき「その人の身になって考えよう」という指導が行われます。対人関係では、根本に共感が大事です。「どんなにつらいだろう。言い返したくても言えなかったんだ。かわいそうに」と相手に寄り添って、その人の身になっています。しかし、それだけでは、ネット上の「いいね！」の共感と同じであって、それで終わってしまいます。「その人の身になる」のは、そう簡単にできるものではありません。Dくんが「オレも前やられてたから分かる」と言ったように、自分自身が当事者になって初めて実感し分かるものです。大人になれば経験していくでしょう。

子どもたちには、同情する、思いやる感情を基本にして、どんなことがつらいのか、どんなふうに苦しいのかなど相手の心情を様々に想像してほしいです。高学年になれば可能でしょう。多様な子どもたちのいる学級です。その友だちになりかわって様々な想像が交わされて、いじめをみる視点も広がるでしょう。今後多様な事象にでくわしては、考えていくための基底がつくられていくのだと思います。

いじめは、子どもの特異な問題ではなく、大人社会でも多様にあります。昔から、職場、病院、学校など様々な組織や集団の共同体内には、潜在的にあったものが、今日では社会の人々の意識の変化もあり、社会問題として表面化してきました。特に一九九〇年前後からハラスメントとして、マスコミにも取り上げられるようになりました。日本でパワハラ防止法が施行されたのは、二〇二〇年六月一日のことです。ハラスメントへの対処方法も多様に紹介される今日の社会です。ハラスメントは、相手に対しての嫌がらせであり、地位や権力など様々な背景をもって行われます。人と人とのかかわりがひんぱんになれば、どうしても人間関係も煩わしさが生じるものです。少し話が広がりましたが、また別のところでも考えましょう。

二年生のＩくんが、にこにこ顔で下靴を履きながら言いました。

「あした、うれしいことがあるんだぁ〜」

——あら〜いいねえ、なあに？

「ないしょ」

——そうなの〜

「でもね、ないしょだよ」と書く仕草をしたので、メモ用紙を挟んだバインダーと鉛筆を差し出しました。その端っこの方に書きつけるなり走って帰って行きました。見ると「おもちゃかってもらう。プラジール」と、五ミリにも満たない小さな文字が並んでいました。

だれにも言ってはいけない「ないしょ」は、かえって言わずにはいられない。「ないしょ」にはそういうおさえられない魔力があるのです。「ないしょ」が他者と共有されて、うれしさがさらに膨らむ、こういう心情の相互作用もあるのですね。

客観視

対人関係には、思いやり、共感という感情的なものが根底に必要です。それとともに大事なのは理性的なことです。相手を客観視する例をみましょう。人とのつきあいには、好き嫌いなどの感情だけではなく、理性も働きます。それは、兄弟姉妹や友だちと一緒に活動をして、お互いの性格や興味関心、能力などを知るところから始まります。

・二年生の班で給食を食べている時、Kくんが言いました。

「昨日お姉ちゃんとテレビ見る約束してたのに、見れんかった。お姉ちゃんが、宿題がなかなか終わらずに、七時はもう夕ご飯。それからお風呂に入って、八時を過ぎてお姉ちゃんはまだ宿題。もう、のんびりしかできないんだから。あんなんじゃから受験も落ちるよね。」

家の人とお姉さんの会話を耳にしながら、大好きなお姉ちゃんを思っていたのでしょうか。家族愛もこんな形に表れています。姉を批判的に見ながら性格や能力なども分かっていきます。他者を客観視して、自分はどうするかを認識するようになるでしょう。

・先生の言葉を客観視した例です。

五年生二人が水泳の帰りに校長室にきました。

「聞いて!聞いて!K先生がプールの時言ったんだよ。『プールで情けない人は誰かな』と言ったんだよ。ちょっとひどいよ」と、憤慨の顔のままバスタオルの背中を見せて出て行きました。先生の何気無い言葉に、泳ぎの得意でない友だちの顔が目に入ったのでしょうか。水泳が得意な二人は泳げない友だちの気もちも分かっているのです。先生の言葉を批判的に受けとめて、この憤慨する気もちを大事にもっていってほしいと思います。先生自身は気づかない何気無い言葉なので、また別の時に別の事象で発せられるかもしれません。その時には、先生に抗議できるようになってほしいです。今後の別の場合を想像します。

先生の不用意な発言、それが何度か重ねられていくうちに、子どもは当たり前として受けとめていくようになるかもしれないです。最初にもった憤慨の感情も薄れて、先生って、大人って、そうなんだね、と受け流していくようになるでしょう。または、不快だという自分の思いと、先生の言葉とを区別しつつ育っていくかもしれません。それは本音と建前のような使い分けをするようにもなるでしょう。

単純によい悪いという価値判断はできません。価値観は子ども自身が自分で考えつくっていくのです。しかし、教える立場では、自分の言動が子どもにとって、プラスにもマイナスにも作用するという自覚は、とても重要だと思います。子どもがどんな価値観をつくっていくかは、人間形成、人格にかかわるからです。価値観は、人格の核をなす「道徳性」のひとつです。

「ひいき」という事象から考えてみます。子どもと先生との関係で、子どもがとても嫌うのは、先生が「ひいき」するということです。少し長いですが、子どもが担任を校長に直訴した話です。

五年生の男子三人が校長室に来ました。

「先生は、男子には本気で怒って、女子には優しいです。生活ノートの赤ペンで女子はＯＫが多くて男子は少ない。ノートを出してない人は黒板に×を書く。出してる人は○が付く。花丸が欲しいわけじゃないけど、いやな感じが残る。この前、給食時間に班のみんなをにらめっこをして笑わせた。ぼくが頑張っている時はちゃんと見てなくて、他の時は『やり直し』と言う。他の子よりもぼくたちには怒り方が激しくてひどい。校長先生、クラスに言いに来て。えこひいきせずに、みんな平等にしてほしいです。ひいきされてる人にも、ぼくたちのいたみが分かるようにしてほしいです。」

担任の先生からすれば、なんとかみんなをできるようにさせるための指導です。できない子は注意されがちです。もちろん先生自身は、できる子をひいきするなど思いもよらないです。あくまでも理性で指導している、そう強く思っています。

子どもは、自分がよくないことをした、ノートを出さなかったと自分の非を認める言葉を言う、それは理性です。それに対してひいきというのは感情です。自分たちに対して先生の怒り方がひどいと感じるのは感情です。理性では分かっていても感情では許せないのです。理性と感情とは分けて考える必要があります。理性に対しては理性で応じると納得できるものです。「○○ができなかったね」と確認するとそれを認めることはできます。言葉で表現するのは理性です。ひいきというのは感情だから、いくら「ひいきなどしていない」と理性の言葉で否定してもかみあわないのです。

ひいきされている人にも、ぼくたちのいたみが分かるようにしてほしい。ひいきされている人はクラスの中でいい気もちでいるだろう。でも、いつも叱られる自分には、クラスの所属員であるという、みんなとの一体感がもてない。自分もこのクラスの仲間のひとりでいたい、そういう思いがあります。そして、この三人は、直接に担任の先生に言わないで、校長に訴えてきました。なぜ担任に言わなかったのでしょうか。子どもたちは先生をどう受けとめているのでしょうか。

先生は、自分たちに勉強を教え、生活指導をしている権威ある存在です。先生を非難するようなことは、直接には言いにくいのです。先生を嫌っているのではありません。先生を客観視したから、第三者に訴えてきたのです。社会でのハラスメントの対処法のひとつに「しかるべき人に相談する」というのがあります。会社などでも相談窓口が設けられているのはこのあたりとつながりそうです。

もうひとつ「平等」と「公平」について考えておきたいと思います。子どもは「みんな平等にしてほしい」と訴えました。考えてみると「平等」にするのは大変難しいです。不可能といえるでしょう。担任は差別せず誰にも平等にしているつもりです。しかし、対応には先生の性分、人間性が表れます。同様に、子どもは子どもの性格や個性で受けとめるから、ある子は先生は厳しいというでしょうし、ある子はそうではないというでしょう。受けとめ方、感じ方はそれぞれ異

なるのです。そのような違いに等しく対応するというのは、できるはずはないのです

しかし、本来学校では平等を重視して、子どもにも教えています。本当は無理なのです。平等というのは、みんなが同じ人間であるという点においてです。能力や個性を、みんな同じようにもっているのです。能力や特性は個性でもあります。いろいろ違いのある性格や個性をきちんとみていこうという教育を学校では目指しているのです。教育基本法にある「教育の機会の平等」は、教育のチャンスは誰にも平等にということです。指導を「平等」にするのではなく、適切には「公平」にということでしょう。

子どもの能力を伸ばすためには、個に応じた指導をしていく必要があります。個に応じるというのは個人差に応じるものです。それで、Aくんには強く、Bさんにはやさしく、とそれぞれの個に対して、言葉がけや指導の仕方がおのずと違ってきます。しかし子どもからすれば、それが不平等に見えて、容認できないのです。個に応じるというのは、当の本人も、クラス全体の子どもたちもみんなが、納得し共有できて可能になるでしょう。それが、個の違いを認め、個に応じた対応を受けとめるという、公平につながると思います。言葉で言うとそうですが、単純ではありません。ひとりひとりが大事な子だよ、と言葉ではなく先生の態度で示すしかないでしょう。意識して理性と感情の両方で接していく場はいろいろあるはずです。

ところで、子どもたちの直訴の話を聞いた担任は、その内容よりも、子どもたちがそのような

行動をしたことに驚き「子どもってすごいですね」と言いました。終わりに「おそらく自分に余裕がなくなっていて、子どもたちをちゃんと見てやれなかったんだと思います」と、高校生のひとり息子が不登校になっていると話しました。「息子は誰にも言ってほしくないと言ってたのに、今、言っちゃいました」と苦笑し「子どもともども、いろいろと聞いてくださってありがとうございました」と言いました。

「不甲斐ない担任」ではありません。子どもが第三者に直訴の行動をとった、子どもたちにそのような力を育てたのは、それはとりもなおさず担任自身でもあるのです。意識的に育てたのではなく、ふだんの子どもたちとの無意識的なものも含めた人間関係によって、教育活動が重ねられてきたからでしょう。

自立について

人とどのような関係をつくっていくかによって、快適な社会生活ができます。その前提には、自分はこうありたいという、自立した個が必要です。「自立」についてみましょう。

友だちに暴力をふるったので、話を聞いてやってほしいと五年生の担任から言われました。Tくんがうつむき加減でぽつぽつと話したのは次のようなことでした。

三年の終わり頃いつも下校の時にAくんとBくんに鞄を持たされた。ある時、いやだというと殴られた。ひとりで下校しようとしても、一緒に帰ろうと誘ってきた。いつも鞄を持たされて、先生に言うなよと口止めされていた。四年になると別のクラスになって、何事もなかったが、五年になってまたAくんと同じクラスになった。休憩時間になんか言ってきたので、もう我慢できなくなって、ばーんと両手で突き飛ばした。Aくんは壁に頭を打ち付けて怪我をした。ぼくは先生にすごく怒られた。

――Aくん、なんて言ってきたの？

エロ本見てるかとか、エロ本の名前を言ってきた。

それから一週間くらいたってTくんに尋ねると、あれっきり、Aくんは何も言ってこなくなった、と目を見て返してくれました。幼稚園の頃から、ずっとお母さんに暴力はいけないと言われてきた。妹を殴って泣かすことがよくあったので厳しく言われて育ったそうです。

子どもはお母さんとの約束を守ります。嫌な思いをしても我慢します。自分で自分の気もちをなだめ、やり過ごしもする、そういうなかでの成長があります。しかしある時、我慢の限界が来て暴力をふるった。それは、お母さんとの禁の殻を破り、そしてさらに、自分自身の殻も打ち砕いたのでした。暴力をふるうことができたのは、成長したということです。内省を深め、自分のあり方をつくっていったTくんでした。それに対してAくんの方は、三年の終わりのまま今も自分の言いなりになるTくんとして接したのでした。それでも彼の内面は思春期に入りかかる興味の方へ向かってもいるのです。

何かあったら、何でも先生や親に相談する、友だちに話すなどと教えています。しかし子どもは、誰かに何でも話しません。どのように話してよいかも分からないでしょう。ひとりで理不尽さに耐え、内省しながら、乗り越えていく力を自分でつけていくのです。暴力をふるったことはよくないですが、それは大きな意味をもっていました。子どもは、他者も自分自身も乗り越えて自立していく力をもっています。

友だち関係は、誰とでもなかよく、お互いに思いやりの心をもって接する、とあたたかい面のみを強調して指導していきがちです。しかし、他者をどう見るかではなく、友だち関係において自分はどうありたいか、という自覚が大事であろうと思います。自分と友だちとの違いを知り、距離の取り方、我慢する、やりすごすなどは、対人関係での自分のあり方です。「わたしもあわない友だちに誘われたら、用事があるとウソを言うことがあります」と日記に書いた五年生がいました。上手な対人関係を子ども自らが模索しつつ自立していく姿を想像します。

家庭という基盤

子どもたちには家庭があり、その家庭は社会とつながっています。社会経済の発展に伴って家庭に豊かな生活がもたらされ、人々の生活様式や意識も変化してきました。そういうなかで、親子関係も変わってきました。学校で見る子どもを通して家庭の姿をみていきましょう。担任から聞いた話からです。

――「転居しよう。どう思う?」と親から言われた子がいました。子どもはどう答えていいか分からず、転校したくないと不安な気もちを日記に書いてきました。また「お父さんと別れようと思うけど、どう思う?どっちへつく?」と母親から相談された子がいました。

――学年末に、進学先を尋ねた担任に、泣きながら話した子がいます。「お母さんが、私学にいかず、公立にいけと言っている。入学金が何十万円かかると言ったけれど…。私はせっかく合格したのに。頑張ったのに…」

――貿易についての学習後ノートまとめに書いた子。

「国と国とがやさしく、なかよくしあって貿易も進む。だけどそのためには家庭がなかよくしないといけないと思う。父さんと母さんが毎日のようにケンカをする。母さんはボクの受験の失敗をせめる。こんな家には帰りたくないと思う日が毎日のようにある。父さんのふとんが今朝ぬれていた。母さんは、ふくしゅうよと言った」

子どもは相談をもちかけられても、大人と対等に考えることはできません。ただ不安感を募らせるばかりです。また、そういう状況の親に心配をかけてはいけないと思って、自分の気もちを抑えてしまってストレスに包まれていきます。

こういう子がたくさんいるというのではなく、自分の力ではどうにもできない思いを抱えている子も何人かいるという事例です。教室では明るくはしゃいでいる子どもたちです。人には、家のことはあまり話さない、どのように話してよいかも分からないのでしょう。担任に話したり、日記などに書いたりする子は自分なりに気もちを整理しようとしているのでしょうか。子どもながらに心配事を抱えつつも、日々をやり過ごしていくのです。

担任に話したのは、先生からアドバイスが欲しかったのではないのです。ただひとりごとのように話しただけです。それは、誰かに吐き出さねばならないほど、心理的に重圧だったのでしょう。子どもの隣に座って聞いた担任は、はぁ～と深いため息、それしかできなかったそうです。家庭の問題に不用意に立ち入ることはできません。担任は子どもにただひたすら寄り添っていくのです。

子どもが育つ過程で親の不和を目にしていると、信頼のよりどころがなく、その両親のもとに生まれた自分は何なんだろうか、と自尊感情がもてません。親子の関係、子どもへの期待、親の人柄など、子どもに及ぼす家庭の影響力はとても大きいです。家庭が子どもにとって絶対的に安心できる居心地のいい所であってほしいです。子どもは自分がめいっぱい愛されて、自分が自分であることを自覚する、アイデンティティの根っこをもちます。

親と子どもがフレンドリーな関係になっているのがよくないといわれます。フレンドリーなら子ども虐待などにはならないはずです。フレンドリーな関係とは、親が子どもとの何を対等として捉えているのでしょうか。親子であってもひとりの人間として互いに尊重しあう、それは、個の人間としての対等性です。しかし、子どもは親の保護のもとで養育されて、成長発達していく段階にある子どもなのです。親と子どもはそもそも異なる存在です。親は大人として生きています。そして子どもを成長させる義務があります。子どもは親に合わせられると、子どもとしての自分の子ども時代をもてなくなってしまいます。子どもは、子ども時代の今を充実して生きていく、それは子どもの権利です。

学校は子どもを教育するところです。しかし学校だけでは子どもを成長発達させることはできません。子どもが精神的、身体的な成長をする基盤は家庭にあると思います。通っているマッサージの先生から聞いた話です。

「奥さんは、自営業の家に育った。両親は忙しく働いており、どこかへ連れて行ってもらったこともほとんどなく、寂しい思いをもっていた。しかし両親の大変さが分かるから我慢もしたのだろう。だから自分の子どもたちには、できるだけのことをしてやりたいと言っている。」

当時の親の姿を理解しつつも、反面教師として、自分自身の子育てにつながっています。親を批判的にみるのも必要です。もし無批判だと、寂しいという感情のままになってしまうかもしれません。家庭は子どもが対人関係を最初に学ぶ場です。それぞれの家庭の親と子の個対個の関係から、社会での個対他者という人間関係へと広がるのを、子どもは学んでいくのだと思います。

おわりに、Tくんの話をします。日本の大手企業、アメリカとの合弁会社に勤務している四〇代後半です。

三〇歳になるとき、アメリカ担当となり家族を連れて住んだノースカロライナは自分にとって第二の故郷となった。東北大震災で仕事はなくなり、同僚はあちこちに出向していった。もう以前と同じ仕事はできないかもしれない、しかし、無しにはならないと頑張ってきた。会社がアメリカとの合弁になって、体制が変わった。机を並べるのをやめ、床や壁の色もアメリカ風になった。ワイシャツは着るがネクタイやスーツもなしで、大きなカルチャーショックを受けた。その後、わが社に買収されて外資系になった東北地方の会社を、グローバルに変えてほしいと送り込まれた。

昼間は工場に行って部下をみて、夜は本社と電話会議をする日常。単身赴任で週末に東京に帰宅してと仕事をこなした。会社の人たちは、グローバルとローカルの狭間で悩んでいた。かつて、カルチャーショックを経験した自分には、現場の人たちの苦悩は理解できる、乗り越えられると思っていた。しかし、昔流できていた人たちは、アメリカ帰りの右も左も知らない若い者がやってきた、と受け入れにくかったようだ。「なぜここに住まないのか」と言われ「グローバル」と揶揄されたりした。保守的な独特の雰囲気、集落のしきたりも古くからある地域である。そういう土着性の強い心情や人間関係になじめないままの二年間を過ごした。

――アメリカでの仕事は日本でいう「根回し」はないのですか？

ありますｏそれは人間関係づくりです。人と人とのつながりを大事にする意識は高く、むしろ日本人よりもあたたかい人間関係でつながる。日本ではグローバル企業になったとはいえ、やはりドメスティックな雰囲気で組織や全体が優先されます。アメリカ人は企業のなかでも個人としてストレートに話ができる。相手がなぜそういうことを言っているのか、と考えてくれる。食事をしたり、関係者を紹介したりと、相手の立場を認め、尊重してくれる。あなたは日本で仕事をし、アメリカに来てくれている、と理解し尊重してくれます。

――ラグビーとの縁はどういうことから？

中学三年の時ウイーンから帰国して、帰国子女を受け入れる寮のある高校に入った。そこで先輩にラグビー部に誘われた。その先輩はニューヨークの日本人学校を経験していた。敬語の使えない自分に、それではお前は一生損をすることになるので、俺が教えてやると言った。こうせよと命令するなどの先輩面は一切なかった。二歳年上の彼とは今も付きあっている偉大な先輩です。

現在ラグビーは、子どもの育成にかかわっている。娘が小学生の時学校のイベントがあり、ボランティアとして担任と協力してタグラグビーを行った。その後地域に、タグラグビーの組織をゼロからつくり上げて全国大会を開催するまでになった。タグラグビーというのは、体をぶつけるのではなく、タックルの代わりに腰につけたリボン（タグ）を取り合う競技。

試合というのは勝ちたいという気もちが、子どもにも指導者にも強くある。勝たねばならないを優先すると、試合に出られない子も出てくる。また、ズルイ手を使うのも教えられる。そういうことは自分はお断りだ。チームをつくって三〇年。三〇歳前から六五歳の人たちまでがやっています。自分のライフワークです。

人とかかわるとはどういうことかを多方面から考えさせられました。「まもなく娘が来ます」と、食事をしているところに仕事を終えた長女のRさんが姿を見せました。ふいにさわやかな風が吹き込んできたようでした。長女、次女、長男のそれぞれの性格や育ちのあれこれの話もありました。家族というのは、対人関係の始まりです。その環境が、子どもの資質の半分を担っています。残りの半分は自分自身で獲得して、自己形成をしていくのだといわれます。

いじめ

新型コロナウイルス感染症の拡大が日本でも広がりを増してきた二〇二〇年三月始めでした。Cくんが「店で使っている消毒液ですが」と家に持ってきてくれました。彼は奥さんと二人で街中で居酒屋をやっています。

小学校時代の話題に「あの頃って、いじめなんてなかったよね」と言うと「いや、ありましたよ」と彼は答えました。「Jくんをよくいじめていました。まあ、いじめるというより、からかうというかそういうものでしょう。Jは短気でカッとなりやすいので、それがおもしろくてよくいじめていました。でも、彼をずっとのけ者にするというようなことはなかったです。ふだんは、家に帰ってからでも一緒に遊んでいました。今言われているようないじめの陰湿さはなかったですね。女子もUさんをよくからかっては泣かしていました」。彼女は周りを気にしないで、よくひとりごとを言って自分の世界に入っているような子でした。彼女が怒って、腕を振り回して、地団太を踏んで大泣きをしたこともありました。そういうのを面白がってからかったのでしょうか。しかし、学級がぎすぎすした雰囲気にならなかったのは、彼が言ったように、行動があっけらかんとして学級のみんなにも見えていたし、適当にいびってその場で終わっていたのでしょう。学級のみんなもJくんとUさんをのけ者になどしていなかったからでもあろうと思います。

彼は四〇年前の小学校時代を振り返って、友だちをいじめていたと言いました。「いじめる」という動詞での表現です。動詞の「いじめる」は、力関係の働く子どもの間では当たり前に生じる行為です。それが後年になり「いじめ」という名詞になったのは、当たり前ではなく、ひとつの現象としてみられるようになったからです。そして「いじめ問題」として、教育の問題としてだけでなく社会的な問題としてもとらえられるようになってきました。

子どもの世界のいじめは昔からありました。それが「いじめ問題」と言われるようになってきたのはどういうことなのでしょうか。時代の変遷に伴う変化を概観して、少し考えてみたいです。

いじめが事件として社会に大きく取り上げられるようになったのは、一九八六年の東京都の中学生男子のマット死、そして一九九四年の愛知県の中学生男子の自死からでした。それ以前の一九七〇年代までも校内暴力や登校拒否（不登校）など学校の荒れが問題となっていました。いじめによる死が、社会に大きく取り上げられるようになって、いじめ問題として今日に引き続いています。

そして、いじめは子どもと学校の問題だけではなく、社会と連動して生じている、と認識されるようになっていきました。その時期、社会は高度な経済成長の時代からバブル崩壊といわれる不安定な時代に入りました。家庭や個人のありようが変化したことと、子どもの様子の変化とは重なっているように見えます。

教育の現場で考えたいのは「なぜいじめが起きたのか」「今の子どもたちはどうなっているのか」という子ども自身や友人関係にかかわる事柄です。しかし、二〇一二年に相次いだ「いじめ自殺」の事件への対応をめぐって、学校の隠蔽する体質がメディアを通じて批判されました。そして、文部科学省によるいじめの定義が変更されるたびに、教育現場の実態の詳細な把握や、少年法の改正で厳罰化なども進められてきました。しかし、いじめを加害者・被害者と認定し対処するようになって、いじめの件数が減ったとはいえないのです。「いじめがなぜ起きるのか」「なぜいじめはなくならないのか」といういじめの本質的な問題は解決できないままに今日に至っているのです。とはいえ、先生方による教育実践は日々真摯に重ねられています。問題の解決は途方もなく難しいのを思います。

マスコミによって大きく報道されると世間では「近所の学校でもいじめが多発しているのではないか」「自分の子どものクラスでもいじめがあるのではないか」との疑心暗鬼が膨らんでしまいます。でも、ほとんどの学校では、問題になるようないじめはないし、多少のいざこざはありながら、子どもたちは落ち着いて勉強し、学校生活を楽しく過ごしているのも事実です。いじめの調査統計結果に表れた事柄ではなく、日常の学校生活で生じた事例から検討していきましょう。

無視する

五年生担任の時、K子の母親から電話を受けました。「友だち関係で子どもが悩んでいる。うちの子とYさんがお互いに無視しあっているようだ」という内容でした。二人を別々に呼んで尋ねてみました。

K――Yさんが自分を無視しているのをなかよしの五、六人の友だちに話した。それに対しては何も意見はもらっていない。私はYさんに無視されて嫌な気もちだ。

Y――Kさんが自分を無視しているので、DさんとAさんに相談した。Aさんから、無視したらいいと言われた。それでKさんを無視するようにした。

KもYも何が原因で相手から無視されているのか分からないと言う。それでは学級のみんなに意見を聞いてみようかと言うと、二人はみんなにも聞いてほしいと言った。担任自身も原因につながるようなことを知りたかった。出てきた意見はいろいろあった。

・家庭科の時、Yさんが一人でぽつんとしているのを見た。
・班長のKさんが班の人にノートを配る時に、Yさんの机にポンと投げるようにしていた。他の人にはそうではなかったのに。
・別に何でもないのに、Yさん自身が、そう心に引っかかるのではないかと思う。
・二人とも無視されても無視されたと思わなければいいと思う。
・思うことがあれば直接はっきりと言えばよいのに。

・Kさんは、班長にいつも立候補するし、やりたい気もちが大きいので、Yさんが学級代表で仕事をしているのが羨ましくて、いやがらせをするのではないか。

意外とみんなよく見て分かっているのを知った。二人に何か言いたいことがあるかと尋ねると、Yは泣きながら言った。

Y――はっきり言えばいいといっても、言ったら後でどんなに言われるか怖くて言えなかったです。話そう話そうとは思ってきました。ある時は、Kさんが「ごめんね」と言ってくれたのに、またそのうち、無視してものを言ってくれない、となってきました。

K――別に何もないです。

その後の大休憩にYは笑顔で友だちと縄跳びをしていた。Kはひとり机に突っ伏して泣いていたが、四校時始めにけろっとした笑顔で「仲直りしたよ」と言ってきた。翌朝「母がありがとうございました、とのことです」と言った。

前学年の時にKの担任であった先生に話を聞いた。「Kは、自分がみんなの中心でいたい子だった。三、四年の時いつも人を従えていた。が、だんだんと、Kに支配されるのが嫌な子は逃げていくようになった。Kは自分のいうことを聞いてくれる友をさがしては、ひっぱろうとするようになっていた。子どもの間ではあり得るので、特別な指導は何もしなかった」

Kからすれば、自分にないものをもっているYに対して、羨望、嫉妬があるのでしょう。自分が強く出ると言い返せないYは弱いくせに勉強ができて、学級代表に選ばれるなどは許せない。だから自分の強さを誇示し、Yを支配下に置こうとしたのでしょう。でもKには、自分がよくないことをしたという自覚はないのです。自分は正しいのに、自分に従順でない者は許せないのです。それでYに従わせるべく制裁をしている、ということです。自己中心性から脱しきれていないKは、社会的な友だち関係を築いていく途上にあるのでしょう。

みんなの意見にYはすっきりした表情になっていました。自分を認めてもらえているという気もちをもったのでしょう。反対にKは、自分のプライドが傷つけられたような惨めな気もちになったのでしょう。机に伏して泣いていたのはそういうことだったのです。しかし「仲直りしたよ」と笑顔で言ってきたのは、彼女の自尊心だったのでしょうか。

この話し合いでは、当事者もクラスのみんなも「いじめ」という言葉は使っていませんでした。「無視をする」のは「いじめ」だと認識していなかったのでしょうか。人をいじめるのはいけないと誰もが分かっています。また、当事者が「いじめ」と言わなかったのは、認めたくなかったのかもしれません。いじめられるのは、弱い子のされることであり、自分がクラスの中で弱い子だと見られるのはいやだという思いもあります。それでいじめと言わなかったのなら、それは自尊感情です。「いじめ」について子どもたちにきちんと教える必要があったのを思います。

子どもは成長するにしたがって、状況の判断ができるようになります。そして、状況に応じて攻撃したり、中止したり、またやり方を変えるなどをして、周りとうまくやっていくための、社会的スキルを磨いていくのです。Kにしても、Yに何度か自分の非について謝りつつ、また攻撃するのを繰り返していました。どうするのがよいかは理性では分かっていても、感情が許せないのです。だからいったん謝りはしても、それは表面的な行為であり、根底の感情は変わっていないのです。人と付きあうための社会的スキルがまだ未成熟の段階であるといえます。

その後、二人の間でトラブルは生じませんでした。表面的には淡々としていましたが、内心では反目していたのが、時折書く日記にみえました。卒業後、Kは公立中学校に行き、社交的に友だち関係を広げ、友だちから頼りにされるような存在になりました。Yは私立女子校で、高校では生徒会長を務めるなど活躍しました。それぞれ葛藤を経験しながら成長発達をしていったのだと思います。

人格は、だいたい一二歳頃に基盤が整います。その後も他者とかかわり社会生活をしていく過程で、生来の性格的な特徴をもちつつ、人格は生涯にわたって形成されていきます。

人とのかかわり方を学ぶ機会

学校は子どもたちの社会生活の場です。多様な子どもたちがいるので様々な事態が生じます。それは、愉快で楽しいことばかりではなく、ケンカをしたり、ふざけたり、いじめたりいじめられたりとトラブルも起こります。そういう場で、自分はどうしたらよいのかという対人関係のあり方を学んでいくのです。いじめのないなかよし集団は理想でしょう。しかし何事も起こらない穏やかだけの集団では、子どもたちはトラブルに対処する術を学べないことになります。いじめと向きあって対人関係を学びます。ときには「いやだ」と自己主張ができるたくましさを獲得し、また相手を見て自分自身の生きる姿を考える場でもあります。

学校では、ソーシャルスキルトレーニングなど具体的な技能を身につける指導も行われています。社会生活の人間関係は、気のあう人、あわない人、意地の悪い人、協力的な人など様々な人とうまく付きあって、かかわっていかなくてはならないのです。いやいや我慢してではなく、自分らしくあるのが基本です。どうすれば自分らしくできるか、そういう前向きな生き方を選択していく子どもに育ってほしいと思います。

同調圧力がいじめにつながると言われます。しかし、集団にはどうしても同調圧力が働くのです。集団で同じ行動をするように強制もされます。それがあって、集団内のルールを守ることや道徳性も教えられて、一緒に頑張ろうとします。家庭でも学校でもどこでもそれなりの同調圧力があって、その集団に所属する自己のふるまい方を考えていくようになるのです。同調圧力がどこでどのように働いているのか、正負の両面を見る必要があります。

例えば教師の権威の圧力があります。小学生の場合は、子どもたちは先生の権威に従っています。教える人、教えられる人という上下関係が子どもに分かっていて、教師の指導が可能になっています。しかし教師の権威が強すぎると、子どもを管理し、子どもの自主性を損ないます。ところが権威をいけないものとすると、教師も子どもも対等の人間関係にあるとして、上下の関係を薄れさせます。子どもたちの上に立っているはずの教師の権威がなくなると、学級の子どもたちどうしの間に力関係の個々のトラブルが噴き出ていくようになります。

いじめはどこの集団でも起こるものです。しかし、教師に指導力がある学級では、規律正しさと快活さのある空気に包まれており、いじめは起こりにくいものです。権威は必要でもあり、その上で教師の人間性が子どもたちに如何にかかわっていくかでしょう。

脳科学から

視点を変えて、なぜ「いじめ」が生じるのかを、脳のホルモン物質などの働きから説かれているのをみたいと思います。脳科学者の中野信子氏(注1)の説明です。

人間の脳にある前頭前皮質は、思考、共感、行動、意見、自制など社会行動に必要な機能をつかさどる領域で「社会脳」と呼ばれます。社会脳というのは、集団の協力行動を促進する機能です。しかし集団内には、協調しない者や異端者などがいます。この異質な者を制裁しようとする機能も、社会脳の中に組み込まれています。

また、脳内物質のホルモンの一つに「オキシントン」物質があり、それは愛情や親近感をもって人間関係をつくるホルモンです。しかし、親しい意識が強まると妬みや排除しようとする感情も同時に強まってしまうという負の側面をもった物質でもあります。よい悪いではなく、仲間をつくるために必要だから分泌されるものです。「仲間を大切にしよう」と「仲間にするために選別しよう」とは、表裏一体のもので、選別し排除しようとすることで「いじめ」が発生しやすくなるのです。

脳は、正と負も、理性と感情も、とあわせもった複雑なしくみのようです。脳のメカニズムからみたいじめとの関係からいうと「いじめを生じさせまい」とする指導は間違っているのかも知れません。だからそうではなく「いじめは生じるもの」と受けとめて対処していく必要があるようです。学級は同年齢集団だからこその、妬み、嫉妬、競争心が生じます。それは人として生きていくための必然でもあるのです。子どもたちの集団を指導する時、みんな一緒、平等、対等であることを教えます。それは表面的な共通理解に過ぎないものになってはいないでしょうか。

世界の子どものいじめ

いじめは日本の子どもだけにある特異な問題ではなく、世界のどの国でも起こると紹介されています。(注2)

世界でも一九八〇年代に、いじめ問題が取り上げられるようになりました。国ごとに文化や社会経済的なそれぞれの背景をもっています。いじめは「人間を差別する心の問題」ともいわれています。欧米では個人主義が主であり、いじめが生じるのは個対集団ではなく、多くは個対個の関係として生起する、ととらえられているようです。

指導法について、イギリスでは、自分は将来どんな大人になりたいか問いかけています。自分の価値観をもって他人を思いやり、力になれる、という他人との関係をつくっていく、そのような市民性を備えた人間を育てようとしています。日本の子ども観は「子どもは生来よいもの」とするのが多いのですが、ドイツでは「子どもはもともと悪の性質をもつもの」とみなして指導していきます。オーストラリアでは、ひとつの社会が形成されている子どもの集団には、子どもどうしの自己主張があり、当然自我の衝突も生じるとしています。力関係の二人の争いやケンカは、いじめとは異質のものとのしてみていくようです。

台湾の知人に聞きました。台湾ではいじめは耳にしない。それは学校の勉強が多くて、友だちに気を遣ってはいられないという理由もある。例えば、中学生の職場体験の学習は、学校がお膳立てするのではなく、生徒自身が自分で行きたいと思う職場に直接連絡を取って進めることになっている。そのため親も必死で手伝う必要がある——。興味深い話です。

傍観について

「いじめは犯罪」「傍観は罪」といわれます。大人の社会では、内容や状況によっては罪として罰せられる場合もあります。大人は自分の行動に対して責任を取る必要がありますが、子どもには、罪を着せたり、責任を問うようなことは可能な限りしません。恐喝や殺人などの刑事問題の場合でさえ、保護や補導などと、成人とは違った処置が講じられるのです。

子どもの学校生活は、様々な失敗をしても許される、あやまちの多様な試行錯誤を通して学習するところでもあります。あやまちを犯し、失敗を繰り返し、そこから立ち直ろうとするなどの経験の学びを様々にさせるために、しっかりと守られた場が学校です。こういう経験の積み重ねが、当人のみならず周りの子どもたちの成長発達を豊かにしていくのです。だからいじめの問題は、基本的には、教育内の問題なのでしょう。

そういう、教育機会という観点から「傍観する」について考えることもできます。傍観するのは、子どもにとっていろいろな理由があるはずです。気がつかなかった、ただ遊んでいると思っていた、というものや、もし先生に言うとチクったとして、こんどは自分自身がいじめられるかもしれないという不安もあるでしょう。それらは今までも検討されてきています。

「やさしい」が強調される社会です。「地球にやさしい」「環境にやさしい」などの標語としても表されています。この「やさしさ」が子どもたちの、小学高学年から中学生にかけての人間関係にもあります。相手をおもんばかるがゆえに、見て見ぬふりをする、かかわろうとしないという相手への「やさしさ」です。それがお互いに介入しないで、表面的なやさしい関係を演じていくことになります。しかしそういうところでは、人間的なつながりは育っていかないです。

教師によるいじめ

残念ながら子どもに対する教師のいじめ、体罰もありました。

・小学校一年生の時、先生の話を聞かず、隣の子とおしゃべりをする子だった。口にクラフトテープを何度か貼られた。その屈辱は大人になった今もトラウマになっている。

・小学一年生、よほどやんちゃな子だったのだろう。教卓に立たされて、みんなの前でズボンをパンツごと下ろされた。クラスの保護者が言われたらしく、家に先生と校長先生が謝りに来られた。それでもいたずらは続いていた。

・中学生の時、家庭科教師から執拗にいじめられた。他の子に分からない所で、腕の内側をつねられたり、嫌味の言葉を言われたりした。

・中学生男子。地域のスポーツクラブにも所属しているし運動能力はあるはずなのに、なぜか体育の評価が「2」であった。父親が校長に確認に行くと、次から評価は高くなった。体育教師からの言葉は何もなかった。

現在ではあり得ないような体罰の事例です。教師としては、指導の一環なので覚えてはいないでしょう。しかし子どもは、大人になった今もその出来事が心に残っているのです。そのことを教師は考える必要があります。

教師は子どもと偶然に出会って、人間関係をつくりつつ教育活動を行っていきます。なかにはソリのあわない子もいるでしょう。しかしそれは、自分にとって指導しやすいか否かという、自己中心の受けとめかもしれません。教師としての資質が磨かれる、その時や場は、日々の教育活動に多種多様にあるのです。

教師仲間でのいじめもあります。知人の話です。放課後の職員室で休憩の時、同学年の机にお菓子が配られるが、自分にはいつも配ってもらえない。仲間に入れてもらうには、組合に加入した方がよいのかと悩んでいました。私も、組合に加入していなかったので、陰では頭が固い、変人などと言われていたようでした。大人の社会にも、いじめは今もこれからも、なくなることはないのだろうと思います。

いろいろな先輩、同僚がいる学校という職場です。かかわる人の数が増えると、学びたいモデルも見えます。どのようだと自分にしっくりくるのか、そうでないかが分かります。よくないモデルを知ることにも意味があるのです。そして、自分自身はどうありたいかをみつめていきたいです。教師も人間形成途上の未熟な存在なのです。

書籍やWEBなどで、かつていじめにあったことがあるという人たちから「いじめられているきみへ」と語りかけが発信されています。（注3）いじめを潜り抜けて立ち上がった人のほんの一部でしょうが、その語りかけは、つらい、惨めな時間を乗り越えようという強い励ましです。そしてかけ

がえのない自分の生活を、自分らしく生き生きと過ごす方策を一緒に考えようと呼びかけていま
す。社会から、子どもたちに直接届くような働きかけは様々にあります。子どもたちの成長を願
い励ましたいという姿です。その身になった人の言葉は切実に、率直に響きます。

いじめはなくせないけれど、それに立ち向かっていける子どもに育てねばなりません。学校教
育の基本である「知・徳・体」は、練習によって習得されます。知識を得て考えを深める、友だ
ちへの思いやり、身体の鍛錬などはみな練習によって身につけます。そうやって自己を確立させ
ていくのです。自己の確立はひとりよがりではなく、社会の人々に普遍性のあるものでなくては
いけません。人は助け合いながら社会に生きていくのですから。助け合うというのは、人を思い
やる道徳性です。その人の身になってつらさや痛みを感じる、そのような感情のもち方も練習し
て自分をつくっていくのです。

司馬遼太郎さんは言われます。(注4)「人間は社会をつくっていきている。社会とは、支え合う仕組
みということである」。訓練して「自己を確立せよ」。そういう自己をつくって「人類が仲よしで
くらせる時代」に生きてほしい、と子どもたちにメッセージをおくっておられます。

学校も社会の変容に伴って動いていきます。ＩＴ教育が進んで、外国についても、職場体験の
シュミレーションなども、バーチャルリアリティーに体験可能です。そういうＩＴ機器を使いこ

なす能力はこれからの時代に必要な学力のひとつの側面です。それと同時にもう一つの古典的な側面があります。広い世界を知ったり、身近な自然に感動したり、人のあたたかさや強さに触れたりして、子どもが思いを交わし、友だち関係をつくっていくように育むのも、学校でこそできる、学校の役目であると思います。

（注1）中野信子『ヒトは「いじめ」をやめられない』小学館新書　2017
（注2）清水賢二編『世界のイジメ』信山社出版　2000
（注3）例えば、朝日新聞社編『完全版　いじめられている君へ　いじめている君へ　いじめを見ている君へ』朝日新聞出版　2012、読売新聞オンライン（yomiuri.co.jp）教育　ＳＴＯＰ自殺　#しんどい君へ　ほか
（注4）司馬遼太郎『二十一世紀に生きる君たちへ』司馬遼太郎記念館　2003

波照間島

人が住む日本最南端の島、波照間島を東京の友人と石垣島で落ち合って訪ねました。二〇一九年三月初旬、ただ南の空の星を見たいだけで島の予備知識は何もありませんでした。

さて夕食をどこでとろうかと集落を歩いていると、小学二、三年生くらいの男女五人が自転車で通りかかり、声をかけてくれた。「どこへ行くのですか?」「何かさがしていますか?」「食事する店を探しているんだけどね」と答えると、男の子が「アガンがあります」。すかざず女の子が「あそこは大人の行くとこだよ」「ちがうよ、オレ、行ったもん。後でアイスクリームも食べた」とむきになって言い返す。「じゃあ、そこへ行ってみよう」「アガンはおいしいよ。料理もおいしいです」男の子は再度言うと自転車に乗りみんなを追う。「どっちへ行ったらいいのお～」と叫ぶが、もう届かない。住宅地の迷路のような道を行くと難なく居酒屋に着いた。男の子が勧めてくれたとおり島の料理を堪能した。はこな旅館は朝食のみ、夕飯は居酒屋があちこちにあるのでどうぞ、との主人の言葉を納得した。

島の周囲は一五キロメートル弱で、最高標高は約六〇メートル。樹木の繁みはあるが、川はひとつもない。島全体にサトウキビ畑が広がっている。耕されたばかりの所、青々と茂っている所などがあり、段階的に植えられているのが分かる。刈り取ったサトウキビを山盛りに積んだ中型のトラックが次々と走っていく。港近くに製糖工場がある。

島の人口は四八二人（二〇二一年三月現在）。ダイビングや釣りの観光客が訪れて、二〇一六年には三万六千人も。「民宿」と看板のある家があちこち目につく。「気温は年間平均二四度くらい。年中半袖のTシャツで過ごす。魚は釣ってくるし野菜も家の周りの畑で、自給自足でやっていける」と宿の主人。五つの集落にはそれぞれ一つの共同売店がある。よろずや、スーパーマーケット、コンビニのような店で、商品は、火・木・土にフェリーで石垣島から運ばれてくる。「午後三時頃行くといろいろあるよ」と教えられて行くと、弁当、ぶどう、みかん、冷凍食品など数々並んでいた。島特産の泡波は一合瓶のみ。土産物用だろうか。「二、三合瓶はいつ入るか店の者に聞いても分からないので聞かないで」と貼り紙。

ほんの三泊四日の滞在でしたが、いろいろと心に残ったことを書いておきたいと思います。日常を離れて異次元の空間に身を置くと、耳目にすることごとくが新鮮に響きます。旅はそういう素直な自分に戻る機会を与えてくれます。

島で出会った人たち

・おじさん

野生の体の大きなヤギたちに何度かメエ〜〜とすりよられながら、サトウキビ畑が広がる道を散策。広い草地に出ると、黒や茶色の大きな牛が数頭、小屋につながれていた。青いつなぎの作業服の中年のおじさんが大きな袋を掲げて箱に移している。「餌やりに来ているけど、世話がたいへんだ」と、終えるとバイクで去って行かれた。この人とは夕食の居酒屋でも出会った。途中の家で母屋に並ぶプレハブのような建物が目に入ったが、それは彼の家で、関東の人にセカンドハウスとして貸していると言われた。最終日に港で船を待っていると、黄色いヘルメットをかぶったおじさんに「まだ居ておられたの」と笑われた。あれこれよく働いている人だ。港湾の隅の方に係留されている船が数艘あった。清風丸、政福丸などと船体に書いてあり、漁船にしてはあまり勇壮な感じがしないなあと思ったが、釣り客のレジャーのための船だったのだ。

・カフェ

『ひまわりカフェ』の看板に「準備中」と小さな札があったが、引き戸を開けると「どうぞ〜。先ほど団体客が五、六人きてたいへんだった」と女主人。コーヒーで休憩して出た玄関に「本日終了」と札が掛けてあった。「来てうれし帰ってうれし夏の孫」と同様の心情だろうか。

・若者

西の浜の海では小舟で遊ぶ若者の姿が二人見えた。シーズンでもないのにと思ったが、ここではいつでも可能なのだろう。観光案内の絵地図には『波照間島民からのお願い』と絵入りで書かれている。「集落内は、島民の生活の場です。水着や露出の多い格好で歩かないようにしましょう。

お店に立ち入る際には、体をよく拭き、服についた砂を払ってください。御嶽や拝所は島民の大切な信仰の場所です。許可なく立ち入らないようにお願いします。」他にも自転車やバイクでの観光の注意事項もある。美しいハテルマブルーに憧れてやってくる若者たちの多くは、波照間島の歴史や伝統などは関心外であろうが、注意事項で初めて気づき、何かを知るきっかけとなるだろうか。

・役場の所長さん

観光業は重要だろうに、港の岸壁に「ようこそ波照間島へ」と書かれている以外はどこにも歓迎の看板や幟なども見当たらず、観光ナイズされていないのを不思議に思った。島について尋ねてみたいと、竹富町役場波照間出張所に行く。いきなりで失礼であったが、ひとりおられた所長さんが応接してくださった。

「神行事（かみぎょうじ）が多くてたいへんです。年の上半期だけで二六回あります。人手は足りずかりだされて、ここの仕事もできずです。祭祠の司（ツカー）も高齢化しているし、この島も限界集落です。それでも神行事はあります。島の周縁、中の至る所に拝所や御嶽が存在しています。」「集落おさんぽMAP」に書かれている多くの「立入禁止」の赤いマークはそういう所だったのだ。というより、島全体が神の居ましますなのだと知った。

・診療所の若い医師

売店に向かっている時に、車が停まり白衣の若い男性二人が一軒の家に入る姿を目にした。

「それは、診療所の医師です。このたび交代するので引き継ぎのための訪問医療で回っているのです。」二人は三〇歳代くらいに見えた。公務員などは離島勤務をせねばならない場合がある。それはこの地に限らず、日本各地の島嶼部では当たり前。そのひとつひとつの島は人が住む日本の領土であると思い至らされる。飲料・生活用水は、波照間水道淡水化施設で海水を浄化しており、下水処理施設も港ターミナル近くにある。宿のシャワー、トイレも心して使わねばと思った。サトウキビ畑も含め、国の離島政策が整えられている一端を実感した。

学童慰霊碑

ターミナルに行く途中に学童慰霊碑があった。碑は西表島の方を向いて建てられている。
――第二次世界大戦中、波照間小学校に赴任してきた山下先生は、とても穏やかで子どもたちを熱心に教え、よい先生だと慕われた。それが、一九四五年三月末、軍の命令だと強制疎開を命じた。山下先生は実は軍曹であり、刀を振りかざして、反対する者を脅して、全島民を西表島に疎開させた。当時西表島はマラリア発生地帯であり、人々は食糧難の上、マラリアに罹患し倒れた。波照間住民一五九〇名のうち一五八七名罹患、四七七名死亡。児童は一三七名のうち六六名が亡くなった。それを悼んで、波照間小学校創立九〇周年（一九八四年）に学童の碑が建立された。(注1)
波照間小中学校のＨＰに、毎年六月二三日に碑の前で慰霊祭が行われている様子が紹介されている。前々日に全校で清掃活動に取り組んでいる。小学低学年は草取り、草集めをし、六年生は慰霊碑を絞ったタオルで拭き上げる。中学生は周辺の道路清掃。

慰霊祭では、小学生、中学生の平和の誓いが述べられる。「お友達となかよくします」「自分に何が出来るか考えることを誓います」。学校で育てた花を献花して「星になったこどもたち」を歌う。この歌は、平成五年五月二七日に、全校児童で作詞して、曲がつくられたものである。

・戦争マラリア

マラリアの被害は沖縄戦によって引き起こされた。一九四五年三月下旬、沖縄本島西の慶良間島へ米軍による空襲が始まり、四月一日には沖縄本島に上陸した。戦場となった島は壊滅的な爆撃を受けて、六月二三日に沖縄戦は終息した。ようやく波照間の住民たちが西表島から帰島できたのは、八月七日から。しかし島に帰るとさらに過酷であった。軍の兵士の食料として牛たちは持ち去られて、荒れ果てた田畑に食糧も薬もないなかでマラリアの被害は拡大し続いた。帰島できてよかったねという話では終わらなかった。もちろん広島、長崎の原爆など知る由もなかった。

・忘れないということ

波照間国民学校の識名信升校長は、島民の帰島を軍に直訴し働きかけた人である。(注2)西表島を去るときに刻まれた「忘勿石（わすれないし）ハテルマシキナ」という石がある。しかし、この石のことをその後九年間も黙して語らなかったという。識名先生は、多くの教え子に兵士になるように勧めて、犠牲にしたことを悔やんでおられたという。この文字の意味するところは波照間の人々の心に刻み込まれている。「二度とこのようなことが起こらないように、この事実を忘れてはならない。戦争はやってはいけない」。後世の人々に戦争の背後にあったことを、ひとりひとりが受けとめてほしいと「忘勿石」は伝えている。

波照間島最後の日に小学校周辺を歩いた。

学校の塀には、卒業していった子どもたちによる絵が描かれていた。白いヤギと花、手形や「夢に向かって歩きだそう」などの文字。それぞれの制作年度に卒業生の名前が書いてある。ひとつひとつ見ていくと「星になったこどもたち」の詞が書かれていた。明るい青色の下地に真っ白い文字が鮮明である。折に触れて書き直しされているのだろう。

今頃は卒業式に向けて練習が行われているだろうか。そして、居酒屋を教えてくれたあの子たちもいるのだなあ、と正門から校舎を見上げた。子どもたちは、学校の塀に描いた卒業制作のように「のぞみは高く」「夢に向かって」力強く、自分の人生をつくっていくだろう。子どもたちに幸多かれ。雨上がりの夜、満天の星に見入った。

戦争の被害者について

波照間島から一〇歳の時に疎開した仲底善光さんは、家族一五人全員がマラリアに感染して、曾祖母を亡くした。中央大学の学生のインタビューに答えている。(注3)

「今振り返って思うことは、山下さんも戦争の被害者なのかもしれないと最近は思うんです。

もちろん、山下さんに対して憎しみは持っています、なぜならば山下さんは軍命だと言ってたくさんの人を傷つけ、それによって多くの命が奪われたでしょう。だけど…もし山下さんが戦争に特化した教育を受けていなかったら、波照間島の多くの人々を傷つけるようなことはしなかったんじゃないか、と私は思いますよ。戦争中は、様々な出来事によって、人の心が邪悪なものに変えられてしまっていたんだと思います。」

当時、子どもだったので強烈な印象はあまりない。でも曾祖母の死は悲しく、寂しく、その思いは今でも消えないという。すでに七〇年以上もの年月が経っている今にして、言える言葉なのかもしれない。山下軍曹は、陸軍中野学校で教育を受けて軍人になった、自らの意思で行動した人である。それに対して島の住民は、強制疎開であり、軍の命令には絶対的に従わねばならない立場。自分の意思の行動はできなかった。それでも、仲底氏の言葉は、戦時体制の中の、人間としてのあり方を客観的にみようとしている。被害をもたらした相手を、決して許さないと憎み、恨みもする。しかし、それでは何も解決はできない。憎しみを乗り越えて、相手とお互いに歩み寄って新しい関係に向かっていく。どのような段階を経ていくのか、それぞれのあり方が模索されるのであろう。

波照間島のマラリアの話を残しておかなければいけないと大学生が、インタビューを始めた時に「つらかった記憶を忘れよう忘れようとしてきたのに、今さら思い出せというのですか。そんな残酷なことがありますか」と断られたという話もある。原爆について私の祖母に尋ねた時も初めは「みな忘れてしもうた」と話そうとはしなかった。教師の仕事に就いた時ようやく話してくれた。――二日後火災が収まった爆心地に入り、娘を探し歩き、黒焦げの遺体を引き起こしては胸に縫い付けられた名前を読み取った。結局は見つけ出してやれなかった悔い。どうにもならない理不尽を自分自身に引き受けて責めを負って生きていた。

「忘れない。しかし、許そう」という和解の言葉がある。事実はなかったことにはできないし、なかったことにしてはならない。事実を知る理性と、そのなかで沸き起こる感情とが相互に混じりつつ、客観的な理解に少しでも進めるのであろうか。和解は、自分自身をいかにして納得させるかという作業でもあろう。

語り継ぐということ

戦争の時代の体験談が語り継がれている。沖縄戦、日本各地の空襲、疎開生活、対馬丸、広島長崎の原爆など様々にある。その体験談は、忘勿石と同じように「二度とこのようなことがないように、戦争はやってはいけない」という次世代への強い思いである。

事実を忘れてはいけない。しかし、人間はどうしても忘れてしまう。どんなにつらく悲しいことも、時がたつと記憶も薄れて忘れてしまう。もう思い出したくもない、あまりにつらい出来事は、当時は忘れなくては生きていけなかった。しかし、やがて時が経過し語る人が亡くなり、歴史を実感的に受けとめられなくなるとその事実も薄れてしまう。人は目の前の明るいことを見つめて生きていきたいもの。自分本位に充足していると、周りが見えなくなってしまいかねない。自分はそうはならない、とはいいきれない。人間は弱い生きものである。

忘れてはいけない、そのための方法はいろいろある。話す、物を遺す、映像や絵画にするなど。ヴェニスの運河のゴンドラの黒色は、ペストで大量の死者を出したことを忘れないために、喪の色にしたと塩野七生さんのコラムにあった。それらのなかでも言葉で話すのは大きいものだと思う。人の語る言葉は、感情で受けとめられて共感となる。共感があって覚えられ知識となる。今日、被爆体験を若い世代の人たちが伝承者として引き継いで、語る活動をしている。聞く人は、事実を様々に想像して、現実の自分の周りを見つめることができると思う。繰り返し物語り伝えられる昔話のように、言葉で語り継がれるあたたかさ、強さを思う。

広島で原爆関係や他の物語などの著作や講演活動をなさっている、アメリカ人アーサー・ビナードさんは「今年は広島で戦後七〇年」などと流ちょうな日本語で語られる。また「アメリカは、第二次世界大戦後、朝鮮戦争、ベトナム戦争、湾岸戦争などずっと戦争を続けてきている。自分自身は、朝鮮戦争は昔のことでありベトナム戦争前の生まれであり、湾岸戦争後を生きてきている。しかし戦争という実感はない」と書かれていた。

戦後七五年以上も戦争を経験しないできている日本は、とても稀有な平和な国なのだと改めて気づかされる。しかし、戦争前後を生きてきた人にとっては、あの戦争はついこの間のことである。原爆の話もつい昨日のように再現される。それほど強烈な事態であった。平和公園に見学に来た高校生の言葉「ここは広い公園なので死んだ人は少なかったね」「自分はあの時代に生まれていなくてよかったです」という感想は、実感のないままの見学で終わっている。それらに時間が経ってしまったという危機感を覚える。だから今、語り部を始めたのだという言葉を聞いた。

平和公園で語り部のボランティアの人からしばしば聞くのは「外国の人の方が、熱心に聞こうとしている。国内の人の方が関心を寄せない」ということである。関心をもたないのは、今の自分が幸せであり、自分には関係のない話だからだ。諸々の被害の当事者は、繰り返し語り、心身の備えをと注意を喚起する。しかしそれとても時間がたてばだんだんと薄れてしまう。「これより下に家を建てるな」という一〇〇年前の石碑も草木に埋もれてしまって、東日本大震災の津波の被害に遭ってしまっている。

戦争の加害者、被害者といわれる。戦争はどちらかというと被害者の立場が強くいわれる。しかし戦勝国であっても、兵士を送り出した家族、戦死した兵士、戦場で兵士たちが目にした事柄、戦後のトラウマなど諸々の被害がある。ベトナム戦争でのアメリカ人、ベトナム人それぞれに、戦争は誰もが被害者になる。なぜなら人間が引き起こした戦争である。だから人間が止めることができたかもしれないのだ。止められなかったから誰もが被害者となった。

日本における戦争は過去の出来事だけれど、それはこれからにつながっている。歴史は繰り返される。為政者のせいではなく、自分がどのように受けとめ、対処するかという姿勢にかかっている。大人にとっても子どもにとっても、ひとりひとりが自分のあり方をみつめつつ、生きるということだと思う。

義務教育について

島の絵地図を手に歩いている時に声をかけてくれた子どもたちは、私たちが何かを探していると悟ってくれた。問いかけや答えはきちんとした標準語で丁寧語。困っている人に親切にできることや、他者に対する言葉遣いなどの学習が身についていた。

かつて、石垣市の公民館前で出会った五年生の女児たちも、標準語で外来者に対応できる子どもに育っていた。旅の者からすると、方言の方がいいなあと思うが。ただ、那覇市で社会科教育研究授業を参観した折、授業中の先生と子どもたちとの応答には、公用語が交わされる中に方言の味わいがたくさんあった。長文での話し言葉や仲間内では、ふだんの言葉遣いの雰囲気が出てくるのであろう。

波照間港の売店に「おじい、おばあが楽しめる　すむづれの家」という小さな手作りの案内パンフレットが置いてあった。老人ホームの日常生活、すむづれ祭などの行事や方言などの紹介に、波照間小学校四年一組と名前が書いてある。学習活動の一環であろう作品が、観光客への案内パンフレットとして活用されている。

波照間小中学校のＨＰには様々な学習活動が紹介されている。令和三年四月現在の児童数二七名、生徒一六名。職員二二名に加えて「やぎ九頭」とあるのは、中学生たちが飼育しているもの。命へのまなざしをあたたかく感じる。二〇二〇年の映像に、中学生がアフガニスタンの子どもたちや、タイの高校生たちとテレビ電話通信で交流。お互いに自己紹介をし、スポーツや遊びなどを英語で伝え現地語を教えあったりしている。せっかく英語を学んでも日常生活で活用する場がないので、子どもたちの身につかないとの批判も聞く。しかし、学習が即能力として表れるというものではない。この中学生たちのような交流は、言葉以上のものが多くある。外国の子どもたちも自分たちと同じように楽しんだり、学んだりしているのを実感する。それが、外国に興味をもち、英語を学ぶ意味につながっていくだろうと想像する。ＨＰからは、子どもたちが生き生きと学ぶ様子が伝わってくる。

島を出て行ってしまう

「島に高校はないので、中学を卒業すると、石垣や沖縄に行くことになる」「島から若者はみな出て行ってしまう。都会から帰って来る者もいるけどね。男性や女性でも結婚して一緒に帰ってくるなどね」と宿の主人が言っていた。

「学力をつけること。それは村を捨てる学力でしかない」と、戦後の高度成長に伴って言われた。学校で培う学力は、結局村をさびれさせてしまう、まさにそうであった。村に残っても仕事は限られており、発展性もない。都会は希望に輝いている所だった、故郷を振り返る余裕もなかったかもしれない。波照間島の主な産業は精糖業で、集落にある店、消防署、診療所、老人施設他それぞれ限られた人数しか職に就けない。働くには島外にいかざるを得ない状況であろう。それはかつて言われた言葉のように、子どもたちは島を捨てる学力をつけているのであろうか――。

そうではないと思う。島の仕事は限られているからこそ、外に出て働き場所を探さねばならない。それゆえ彼らは、島外のどこの地域に行っても、自立して、社会の組織の中に生きていかなくてはならないのだ。そのための学力を培っているのである。まさに「社会に自立して生きる基礎、国家社会の形成者としての基本的な資質を養う」（「教育基本法」〈義務教育〉）といわれている通りである。

「神行事がたくさんあってたいへん」と波照間出張所の所長さんが話される後ろの掲示板に、神行事の日時、場所、司名の書かれた表があった。港の食堂でも目にした。波照間島では年間を通じて五〇以上の伝統的な神行事が行われている。その中で最大のものが、旧盆に行われる豊年祭と先祖供養の行事。ふだんは島を離れている人たちも、この日だけは帰島して祭りに参加するそうだ。島内の三か所からそれぞれ、ミルク（弥勒）様を先頭に、仮装行列で公民館前の会場に集合して、様々な儀式、芸能が奉納されて、みんなで楽しむ。島の集落全体をあげての祭りは、豊年祈願にかかわる重要な神事である。

一年間の神事は、秋の種蒔きに始まり、初夏の収穫をして豊年祭で終わる。つまり農作業に沿って行われる行事である。農作業に欠かせない水は地下水や天からの、貴重なもの。雨乞い、天候、疫病や害虫払いなど多種の祈願が神事として執り行われてきた。一九六〇年代まではカツオ漁業も行われ、農作業は、稲作、粟、麦、サツマイモなどであったが、現在の産業は国の政策もありサトウキビ栽培が主となっている。時代の変遷に伴い、産業構造が変化し、人口も減少し、人の意識も変容してきたであろう。しかしながら、今日でも、神行事は執り行われている。

島に生まれ育つ子どもたちは、豊年祭ではミルクンタマー（弥勒の子どもたち）としてミルク様の後ろに並んで歩き、その後も折々の神行事を目にし、参加して成長してきた。それらは、ひとりひとりの心身に沁み込んで、自分を屹立させてくれるに違いない。島を出て行ってしまうのは、故郷を捨ててしまうのではない。どこに住んでも、生まれ育った故郷を心のよりどころとして生きていくことができる、そういう人間性が育まれた故郷なのである。伝統文化が大事に継承されるのも、子どもたちの根っこが育つための土壌だと思う。

波照間島旅行の最後に「時代と社会と学校と」について思いを巡らしました。国の離島政策のねらいは何か。それはすべての日本人を守る、領土・領海を守るということでしょう。国際的な緊張関係が発生すると、島国である日本の離島は、相手の基地となる可能性があります。原子爆弾を搭載したエノラゲイがアメリカ本土からではなく、マリアナ諸島のテニアンの基地から広島に向かったように。けれど、核兵器の運搬技術は宇宙利用にまで開発が進み、戦闘ロボットやドローン攻撃などの戦闘技術が革新を続けています。今後については分からないですが、離島政策で敵国からの攻撃を防ぐという目的は、やがて無意味になるかも知れません。しかしどんなに小さな離島であっても、それは日本の領土・領海であり、住む人の安全、幸せを守るのは国の最重要な務めです。それこそが国の矜持であり、国際社会と平和に交流していくための基盤なのです。

沖縄の平和に関するアンケート調査(注4)の自由意見にありました。

「平和って、戦争反対（反戦教育）ではないですよね。（略）私たちが子どもの頃、先生たちが伝えてくれた『戦争はいけないんだ』という熱い思いが大切なんじゃあないかな。」

沖縄戦、日本各地の空襲、広島・長崎の原爆について、その他アジア諸国への侵攻についてなども、子どもたちに学習させているでしょう。改めて、なぜ学ぶことが必要なのか、戦争の歴史を学び、平和について考える、その中身を先生自身が自問自答してほしいと思います。

はからずも波照間島で、時代の変遷に伴う社会の様相と学校教育について考えました。その諸相は、波照間島ゆえにこそではありますが、しかし波照間島でなくても日本のどこの地域であっても同様だと気づきます。なぜなら人の生活が営まれている所には、その歴史と社会そして、次の世代を育てる学校教育が刻み込まれているのです。

ひととき、日常を離れて遠く離島に身を置き、自分を他者として眺めると、ほんのわずかながら、時空を超えた世界が視野に入ります。将来、子どもたちが宇宙ステーションからこの地球を見るとどのようなことを思うのでしょうか。

（注1）八重山平和祈念館　戦争マラリアに関する資料ほか
沖縄県石垣市新栄町七九-二
（注2）宮良作『沖縄戦の記録　日本軍と戦争マラリア』新日本出版社　2004
（注3）松野良一『証言で学ぶ「沖縄問題」観光しか知らない学生のために』中央大学FLPジャーナリズムプログラム編　中央大学出版部　2014
（注4）沖縄市『沖縄市平和事業推進アクションプラン』改訂版　2019
(https://www.city.okinawa.okinawa.jp/sp/userfiles/oki019/files/actionplan.pdf)

その二　学校教育とはなにか

学校の大きな特徴は集団で学ぶことです。集団でなければ学べないこととは何でしょうか。学ぶことの楽しさや喜びは、発達段階に応じた計画的、系統的、効果的に行われる、専門家の専門的な教育によって味わえます。そして思いやり、親切、協調、我慢、感謝、社会の一員としての権利と義務、またリーダーや成員の資質といった道徳性は、集団でなければ習得できないのです。

学校教育の大事な存在は専門性をもつ教師です。教師の専門性のひとつとして、指導技術は必須です。教える技術だけならば、ＡＩロボットでも可能でしょう。しかし教育活動には、教師の人間性が大きくかかわっているのです。そこには不完全な人間が不完全な人間を教育するという、宿命的な難しさと同時に豊かさもあるのです。教育活動は、学校生活全体のあらゆる時間や場面を通じて行われるものです。また、あらゆる機会を通じてでなければ行えないのが教育です。それを可能にするのが教師の専門性だといえるでしょう。

自分の名前

四年生のRちゃんがお母さんといっしょに、一時間目が始まった頃に登校して来ました。「私の名前をじょうだんで、いやなあだ名で呼んで、いやだと言っても止めてくれない。もう学校に行きたくない」と言って朝大泣きをしたのだそうです。いつもはつらつとして元気いっぱいのRちゃんが⁉　たったそれだけのことで⁉　みんなはとっても驚きました。

勉強も運動も活発で、おおらかに笑うRちゃん。いたずらをしてピシャリとやり込められたりする男子は多くいました。ふだんそういうこともあってなのか、ついつい悪乗りをしてしまったのでしょうか。いやなあだ名を言った数人の子たちにきちんと謝らせて、その日の宿題は、自分の名前の由来を聞くことにしました。学級通信に載せた言葉をいくつかあげてみます。

・私はこんなに考えて名前をつけてもらって幸せものだなあ、と思いました。
・こころざしをもって、といういみで、けっこういいなと思った。
・玉のように光りかがやく元気な子だよ。どうだ、いい名だろー。
・すくすく大きくなってほしいというねがいがこめてあります。そういう子になれればいいです。

またこんな子もいました。

・お父さんに聞くと、健康でなんとかと言っていました。ぼくの名前はいい名前です。ぼくと同じ名前は日本に何人いるか調べてみたいです。

小さい時から当たり前に付きあってきている自分の名前。生活科でも名前の意味について家の人に尋ねる学習をしたはずです。四年生として改めて名前の由来を知り、考えることができました。名前というのは、その子自身を表す、意味のある固有のものです。それをいやなあだ名で呼ばれるのは、活発な子でさえ学校に行きたくないというほどのダメージを覚えるものでした。こういう出来事をとらえて、子どもの学習にするのが、学級担任の行う教育であり、楽しい仕事でもあります。

社会の教育機能の重要な領域を担っているのが、学校教育です。子どもたちを社会生活ができる人間に教育する大事な役目を担っています。小学校は、その人間形成の土台となる段階を、様々な場面や事象で培っていく場です。人間形成の側面は種々ありますが、ここでは「名前」に焦点を当てて考えてみたいと思います。

名乗る

新しい学級になった時は、みんなで自己紹介をしあいます。

「名前は○○です。あだ名は…」そして好きな食べ物、趣味や特技などを言います。それは、他者に伝える自分についてです。

幼児期の「お名前は?」と尋ねられて答えるのとは違って、自己紹介は自らが名乗るのです。そして、嗜好、長所短所、好きな本などによって、自分という個性が他者に印象付けられます。やがて、名前を聞くと「ああ、あの友だちだ」と分かるようなり、親しさも感じるようになります。落語に「寿限無」という話があります。長い長い名前ですが、五年生の子がしっかり覚えて自己紹介の時に話して、みんなを驚かせ、強烈な印象がもたらされました。長い名前ですが、リズムにのって唱えると覚えやすいと話していました。

名乗るということは、単に名前を言うのではなく、自分という人間を分かってもらうための、他者とのかかわりの人間関係の第一歩でもあります。強い個性でアピールされると、受け手は「Aさんは○○という人だ」という印象を強くもちます。でもそのアピールは、その時のAさんの一面であって、すべてではないのです。しかし、この「Aさんは○○という人」というラベリングによって、ひとまずAさんという人物が明瞭になります。それを頼りにかかわっていくことができます。だから、ラベリングは他者との交流の始めに必要でもあります。そして、交流が進むと、最初の一面性のみではなく他の面も知っていくようになります。そうして、Aさんの人となりをより理解していくでしょう。自己紹介をする時に学年によっては、自画像を描いたり、趣味を強調する、感動体験を話すなどと工夫を凝らしているのも、交流の始まりにかかわるからかもしれませんね。

名乗りあって、友だち関係が始まります。どのように名乗るかによって、その人の人となりがそれぞれの友だちに伝わります。そうして学級で認められて自己肯定感につながります。みんなに認められるというのは、友だちからの評価の言葉によって、自分の内面に自信がもたらされるということです。そういう他者からの評価という外面性と、自己のもっている内面性とによって人間形成の土台となる自尊感情が育まれていくでしょう。

呼ばれる名前

自分の名前は、たいていの場合親から名付けられます。自分自身が決めて付けたのではなく、親から与えられたものです。そして、誕生以来その名前を周りの人からたびたび呼ばれながら育ち、自分自身と一体化させていきます。一歳も半ばを過ぎる頃には、名前を呼ばれると顔を向けるようになり、名前が自分を指していると理解してきます。三歳頃の子が自分の名前を呼んでほしいと言ったので、呼んでやると「ハイ」と返事をして手を上げるのを繰り返しました。その後相手をしてくれる人がいない時に、自分で自分の名前を呼んでは「ハイ」と返事をして、ひとり遊びをしているのを興味深く見たことがあります。そのようにしながら自分の名前に愛着を深め、自尊心も育まれていくのでしょう。

学校社会に入ると、先生や友だちに毎日のように名前を呼ばれながら生活をしていきます。これまでの一人称、二人称の世界から三人称の世界へと飛躍するのです。そして集団における自分という個の存在を明確にもつようになります。自分は○年○組の者、○班にいる、そして学級や班にはどんな友だちがいるなどを理解していきます。また学校では時間割に沿った生活があり、そこでの決まり事も分かり、自分はどのように行動するのかなども理解します。もし間違って行動すると先生や友だちが教えてくれます。そうして帰属意識も強くなり、集団の中の自分の存在も確たるものになっていきます。お互いに名前を呼び交わしながら、それぞれの自己形成を知らず知らずになしていくのです。

ウイーン日本人学校に勤めていた時、住んでいたアパートの階下の老婦人となかよくなりました。名乗った時、彼女から「リッコ」と呼ばれたアクセントや声の響きが印象的でした。そして、自分は外国人からそんな風に見られているのかという感覚をもちました。外国の異質な他者が、自分に近くなりました。欧米ではファーストネームで名前を呼ばれるのは親しい関係を意味し、逆にミスターとかドクターなどを冠して呼ばれると堅苦しい感じをもつそうです。異質な他者からの名前の呼ばれ方で、自分を客観視できるようです。

学校で子どもたちは多様な人と出会って、自分の名前を呼ばれます。先生から「○○くん、ちょっと手伝って」と言われたり「何年生なの？」と尋ねられたりして応えます。上級生から

「おい」と呼ばれたり、下級生から「お姉ちゃん」「お兄ちゃん」と言われたり、多様な人たちから多様な声かけをされます。その応答によって他者との対処の仕方を身につけて、学校という大きな集団への帰属意識も育まれていきます。そうして自分という存在の自覚も深めていくのだと思います。

芸能人やタレントは、姓名ではなくニックネームや〇〇ちゃんなどと呼ばれます。愛称は親近感のある呼び方で距離も近くなるでしょう。近所にある知的障害者の小規模作業所のY所長さんと話した時、そこで仕事をしているワーカーさんの呼び方について言われました。「ワーカーさんを〇〇ちゃん、とは呼ばない。普通の人なら成長するにしたがって社会の人たちからは、〇〇さんと呼ばれ方が変わっていき、本人もそれに対応できる。しかし、知的障害のある人は、変化に対応しにくい。でも、大人になっても〇〇ちゃんで通るのはおかしいことだ。だから初めから〇〇さんと呼ばなくてはいけない」。その人に親しみを込めて、呼びやすくといっても、それは呼ぶ側の自己本位の思いでしかない場合があるのです。また、他者を自分と対等な他者として認めるから、親密度のある対応をするのかもしれません。意識してみないと気づかないことは多々あるようです。

社会生活は、多様な他者とのかかわりです。かかわりは、まずお互いの名前を知って始まり、いっしょに活動すると進みます。そのうちに名前の呼び方も変化したり、多面的な人となりも分かって人間関係もよりつながっていきます。

書く名前

比叡山の根本中堂の長い回廊に、幼児から高校生くらいの子どもたちの習字が展示されているのを、訪ねるたびに目にします。静謐な空気に包まれたなかに、白い紙に書かれた墨の文字がピシッと決まっています。幼児や低学年の子の大きな「と」という一字や「山」などが用紙をはみ出したりしてとても迫力があります。それぞれに書かれた文字を見ながら、どんな子だろうかなあと想像します。少し気になるのは、書かれた文字が達筆なのに比べて、名前の文字が、丁寧に書かれてはいるがあまりうまいとはいえないことです。さすが、中学生や高校生は楷書、草書、行書などと書体に合わせて名前も書いてあります。小学校の掲示板などで目にする名前について、同様の印象をしばしばもちます。

同じく書いた名前についてです。教師一年目に担任した一年生で、別れる時にお習字をくれたTくん。習字教室の作品で「むぎ」「やま」と紙面いっぱいに書かれた二枚に、朱色の大きな四重丸があります。彼は大事に取っておきたかったでしょうに。鉛筆書きの手紙には「二年生になるとともだちがたくさんできる。だけどぼくはさみしい。先生、おしゅうじをわたしとくから、ぼくのことは、わすれないでね。おわり。さようなら石川先生へ」とあって、その下に自分の名前が書いてあります。手紙に書かれた自分と相手の名前は、自己と他者との社会的な関係を表しています。ただ、当時の学級日誌に「習字はとても立派な文字なのに、どうして自分の名前はあまりうまくないのだろう」とメモしています。自分の名前は、小学校に入学以来、たびたび書いてきています。テスト、作文、作品などに毎日のように書いているのです。それなのに、どうして上手ではないのだろう。

子どもの中には、入学する以前に既に五十音の読み書きができる子もたくさんいます。家の人に教えられたわけではなく、絵本などで自然に読み書きできるようになった子も多いです。もちろん一年生になってから、鉛筆の持ち方とともに、筆順、とめ、はらい、力の入れ方などの指導も一字ずつ行われます。しかし、その子が既に身につけている書き方のクセを直すのは、とても難しいです。個別指導の時間も十分には取れないし、限られた時間で次々と先に進まねばならないのです。それで、子どもたちは自分流のクセのままの書き方になじんでしまうのでしょうか。家で書くことに興味をもつようになったら、親はせめて、子どもの鉛筆の持ち方には気をつけてほしいと思います。

学校で名前を書く練習をする工夫はできないものかと、反省しつつ思います。一年生の時だけではなく、学年の最初には名前を正しく書く練習をすると、丁寧に書こうと意識するのではと思います。習字教室などでは先生が書かれたお手本を見て練習するはずです。名前のお手本も同じようにされているでしょう。高学年になると上手かどうかは別にして、その子なりに整った名前を書くようにはなります。低学年の時に、あまり神経質にならなくてもよいのかもしれませんが。

もうひとつ、五年生についてです。

テスト用紙に記される名前が、あまりに乱雑に書かれているのに驚きました。なかには姓だけだったり、ひらかなやカタカナで書いていたり、まるで走り書きのメモのようなのもたくさん。早く解答したいと、気もちがはやるせいもあるのでしょう。そこで「名前の文字も五点入れます」と言ったら、ずいぶんきれいに名前を書くようになりました。しかもひと呼吸おいてテストに取りかかるせいか、計算や書き間違いのミスも減ったようでした。名前を丁寧に書くのは、名前を意識して、自分自身を大事にすることにつながると思います。

自分の名前を意識するのは、他者とのかかわりにおいてです。手紙に書く名前は、相手に対して発信する自分の存在を伝えています。だから、それなりに丁寧に書くのを意識するでしょう。五年生の子たちがテストに書く名前をぞんざいにしていたのは、採点をする先生という他者を意識していなかったからでしょう。自己本位ではなく、自分の名前を目にする他者を意識する必要があります。社会生活は自己と他者とのかかわりなのですから。

書く名前のもうひとつのエピソード、活字になった名前です。一年生が文章を書く学習を始めた頃「アサガオのかんさつ、せんせいあのね」を学級通信に載せました。子どもたちの手書きのままの方がその子の味わいがあるのですが、文字の書き方の個人差が大きく、家庭に持ち帰る通信にはそのままというわけにはいきません。ワードで仕上げた学級通信を配ると、Eくんが「ぼくのが字で書いてある！」と叫びました。活字になった自分の名前に初めて出あった驚きです。それは、自分を今までの自分とは異なった感覚、いわば客観視した出来事だったのです。

活字になった名前は、自分の他者性の発見でもあります。自分であって自分ではないような感覚。それは、名前の文字が、ひらかな、カタカナ、漢字、アルファベットなどで表記されると、それぞれ見受ける印象が異なってくるのと同じです。また、子どもたちはスポーツの選手やタレントなどのサインを真似て、自分の名前のサインを書いて楽しんだりします。あたかも自分がそういう有名人になった気分になるのでしょう。名前は、表記によって様々な自分に変容する可能性も秘めています。個性も一面的ではないのと重なります。多様な仮面性のある個性をもって、他者とかかわって自己形成をしていくのを思います。

誕生して親などの他者から与えられた名前。それを、成長するにしたがって自分自身と一体化させていきます。他者との交流を広げて自己を確立させつつ、社会生活をする。その社会生活上の自己の存在証明が名前です。自分が自分として生きる、よるべとなるのが名前です。自分の考えを言い、みんなと行動するなどの基礎となる部分を学校教育で様々に培っていくのだと思います。

仮名

ハンセン病患者についてです。ハンセン病患者が仮名を使用することは多く、ふつうにありました。

例えば、邑久光明園一九九八年の調査によると、実名二〇〇名、仮名一二七名、不明六名とあります。仮名の理由は、家族に被害が及ぶのを防ぐため（八五名）、以前から使っている名（一〇名）、みんながそうしているから（一〇名）、勧められて（七名）、その他（一〇名）です。一九九六年のらい予防法廃止以前は、仮名は非常に多かったけれど、らい予防法の廃止を機会に実名にもどった人も多いとあります。

ハンセン病患者は、明治時代からの国の政策により強制隔離されて、感染病が他に伝染しないようにと施設に閉じ込められました。当時は、患者となったことは、人間として生きていくのを否定されたようなものでした。徹底的に自尊感情が叩き潰されたのに等しかったのです。他者から、自分は人間として価値はないと、烙印を押されたのです。そして自分の家族や親戚にも迷惑をかけるから交流を避けて、収容所でも自分の名前を仮名にして生活したのです。ようやく二〇〇一年（平成一三年）の裁判で名誉が回復されました。それでも、今なお実名を名乗ることができない人もいます。

ハンセン病については別に書いています（p.174）。ここでは、名前について考えました。名前を消して生きるというのは、自分の存在をなくすものです。自分は自分であって自分ではないのです。しかし人間として、自分は自分であることにかわりはありません。この自分をどう理解し、受けとめていくか、自分自身を堅持していくのは容易ではないでしょう。名前の尊厳をつくづく思います。

ヨッチャンがない！

拙著『小学校の子ども』を受け取ったというハガキが届きました。

「このたびはわざわざお送り頂きありがとうございました。まだハズキルーペはいらないので、裸眼で読んでいます。ただ悲しいことに付箋のところを読んでも「ヨッチャン」の文字がなかったのが…です。(笑)…」

本には一ページほどの短い文章に、学級でお互いに呼びあっていた数名のあだ名を記していました。たったそれだけの記述であっても、そこからはクラスの友だちの声が響き、顔が浮かんできます。そして、その三年二組の中にいたはずの自分の名前がないというのは、共有世界から外されたようなことだったのです。彼女が勤務している百貨店に行って謝り、今度の本には必ず登場するからねと言いました。名前は、その時代、その場に所属していたひとりとして鮮やかに刻印されているのです。人の名前は単なる固有名詞ではない、と実感させられました。

お盆が近い頃「会いたいです！」というメールを受け取りました。講師として赴任した高校の職員室で、たまたま中国新聞に載っていた私の記事を目にして、新聞記者を通じて連絡をしてきたのでした。当日、玄関のチャイムにどきどきしながら戸を開けると、四年生のままの笑顔のRちゃんがいました。彼女の子どもたちは神妙にきをつけをして、ひとりひとりはっきりとした声で自分を名乗りました。三年生とふたごの一年生、そして幼稚園年中組の四人の男の子たち。みんな剣道をしていて汗も出るので、これが気に入っていると坊主頭で、にこにこ笑っています。お兄ちゃんはみんなが脱いだ靴を揃えて上がりました。

子どもたちがゲームをして遊んでいる横で、来し方のあれこれの話を聞きました。高校の剣道の大会で全国優勝をした時、連絡しようとしたけれど、連絡先（私の）が分からなかった。幼稚園の頃からずっと剣道をしてきて、今は師範として剣道教室で我が子たちも教えている。もちろん道場では「お母さん」ではなく「せんせい」と呼ぶのです。

小さな紙に名前を書いてもらいました。お兄ちゃんは漢字で、一年生はひらかなで組も書いてあります。お母さんはそれぞれの子が書いた横に漢字で名前を書き添えました。紙の余白には自分の好きな食べ物などの絵も描かれています。

四人の子どもたちは、これからどんな経験をしながら、自分のアイデンティティを深め成長していくのでしょう。

任された仕事

「いまゲーム大会をしています」と声をかけられて一年生の教室に行きました。机や椅子が廊下に出されて広くなった教室が「秋の実ゲーム大会」の会場です。

生活科の「あきみつけ」で拾ってきた実や葉などを使ったゲーム大会。「このマツボックリをね、ここから投げるんだよ」「ここに入ったら一〇〇点、ここは三〇点。やってみて!」。結構難しくてうまく入らない。「はい、おまけだから、もう一回やっていいよ」とマツボックリを二個くれる子もいます。結局七個もらって一個も入りませんでした。オナモミを雑巾の的に投げるゲーム、これはわりあいたくさんくっついて、子どもたちもワーッと喜んで拍手をしてくれました。こんどはぼくたちのゲーム、次はこっちと案内されながら一緒に楽しみました。みんなで拾ってきた小さな実や葉は集まると種類も量も結構なものになり、ゲームの材料が整いました。どんなゲームをするかを話し合って、それぞれのゲーム担当のグループ分けをして、必要な小道具類も各グループで作りました。こうして、みんなのゲーム大会が楽しく盛り上がったのです。

ゲーム大会は、子どもたちが自分の責任を果たして、集団での活動が成り立ちました。個の責任が果たされて集団の活動が整うには、条件が必要です。四つの条件をあげてみます。

まず一つ目は、全員が参加する。民主主義の社会では、物事を決めて実行するに至るまでには、集団の成員がお互いに自分の意見を言い協議して、決定し、実行します。全員が参加することが大前提です。二つ目は、成員が共通の目標を理解し共有している。それは、集団目標ではありますが、ゲーム大会をしたいという子どもの欲求に基づいています。集団と個の目標の共有、理解です。三つ目は、役割分担が明確にある。全体の中で自分の持ち場や役割が明確になっているから、責任を果たせます。四つ目は、協力し合う。集団の目標を達成するためには、自分勝手をしないでみんなが協力して作業し活動しなくてはなりません。その上で成果や課題を検討して、次のステップに進みます。

集団の活動が機能するための四つの条件をあげましたが、これらは個別にではなく、総合的に働くものでもあります。例えば、個が責任を果たすといっても、全員がすんなりできるともいえません。性格や能力の違いがあります。個々が等しく発揮できる能力をもっているのではないので、得意なところを出しあい、不足を補完しあっていかなくてはならないです。それで協力が必要となります。そういう過程のなかで、個も集団も育っていくのだと思います。

個と集団の育ちについて、もう少し具体例をあげてみていきましょう。

話し合い

担任をしていた五年生で、席替えをしたいとの声で学級会をもちました。でも、班長に立候補したのはたった三人でした。意見も出なかったので中断して、なぜだろうかと話し合いました。

・人が立候補したり、自分を推薦してくれるのを待っていた。
・言うことは分かっているのに自信がない、人が言うのを賛成すればいいと思う。
・意見を言うのが恥ずかしい。
・待っていればそのまま終わる。
・もし間違えると嫌だから、人が言ってくれるのを待っている。
・自分がやろうかやるまいか決心がつかないで、迷って終わった。

正直な気もちを言い合いました。話し合いに参加していなかった自分にも気づきました。集団ゆえに、個が埋没してしまいます。そして、自分ひとりくらいどうってことない、目立ちはしないと思ってしまいます。ついつい傍観者になってしまうのです。集団で何かをしようとする時は、個が自分の役割を果たして成り立ちます。個が役割を果たすのは、集団への義務であり、責任でもあります。傍観者になっていたのでは、集団が成り立たないのです。

個についても同様です。意見をもっているのにそれを表明しなかったら発言力は発揮されないし、育ちもしません。みんなの前で意見を言うのが恥ずかしく、自信がないという子もいます。恥ずかしいのを乗り越えるには、声に出して言う練習が必要です。努力しないでできるようになるわけはありません。みんなの前で頑張って言えば、学級集団が受けとめてくれます。それが自信にもつながります。個に発言力がついてきて、みんなで意見を交わして、集団は活性化されてきます。個も集団も伸びるのです。

以前新聞に、草刈民代さん（バレリーナ、女優）の言葉がありました。

「今日の社会では、出過ぎるのを嫌う風潮があります。ひとこと言ったらいいのに言わない。それでは演劇という共同作業は成り立ちません。演劇は、まだ経験の浅い人からベテランまで、いろいろなキャリアや世代の人が、役柄の人間関係について、言葉によるコミュニケーションを土台として進めていく共同作業です。全員が意見を言い合うことで、より創造的な作品ができるのです。」同感しました。

社会で行われる選挙の場合も同じです。選挙のたびに投票率の低さが報道されます。せっかく一八歳からの選挙権が成立したのに、若者の棄権者が多くいます。その理由は「政治がよく分からない、自分の投票結果の行使がみえない、興味がもてない」などとあります。しかし、それでは民主主義の社会は成り立たなくなります。国の行方を決めねばならないような危機的状況下であれば、投票率も高くなるでしょう。棄権者が多いのは、今のところ日本の国は安泰だともいえるのでしょう。しかし、どういう状況であろうと、法治国家で自己の責任を果たすという姿勢は、民主主義に重要です。小学校は民主主義の基礎を学ぶところです。まず、話し合いに参加するところから、学ぶ場はいろいろと出現してくるのです。

傍観者になってはいけない、と言いました。でも善意の傍観もあるのです。「ラブラブの先生」[注1]に書いたのですが、デートをしている担任の先生を見た三年生の子は声をかけなかったのでした。どうして?と問うと「だって声かけたらかわいそうだもん」。他者の立場をちゃんと理解して傍観したのです。子どもにこういう感性があるのですね。

掃除

掃除時間に学習ボランティアのNさんが、廊下をほうきではいていた三年生に声をかけました。「そこが済んだら、水道のところが汚れているから、ちょっと水で流して洗いなさいね。」するとその子は「水道は○くんのやる所、ぼくは廊下の掃除」と返したそうです。「ちょっと水を流せば済むことを、今頃はどういう教育をしとるんじゃ」とあきれ顔で言われました。八〇歳代の元教師には不可解な出来事だったのでしょう。もうひとつ、休憩時間に、玄関前のゴミ拾いをしておられた校長先生に四年生が言いました。「校長先生、あそこにゴミがあるよ。」校長先生は、子どもは何を考えているのだろうか、と戸惑い気味に話しておられました。

子どもたちは、掃除は自分の持ち場を責任をもってきれいにするように教えられます。それは一年生の時から徹底しての指導です。〇くん担当の水道に手を出しては、越権行為です。「なんでぼくのやる所をとったんだ！」とケンカになるやもしれません。「人の所より、まず自分の所をきれいにすること！」と先生からも注意されかねません。ひとりひとりが自分に任された場に責任をもつから、教室、廊下、学校全体がきれいに整います。きれいになった教室や手洗い場は、自分が掃除したんだという自負心をもつでしょうし、校内美化への態度も深まるでしょう。

Nさんの「ちょっと流せばいいだけのことを」というのは、大人の経験による知恵です。周りをちょっと見まわして気づいてやっていく気配りです。Nさんの時代には、空席の電話が鳴っていたら代わって取り上げる、というのが日本の社会の常識でした。「はい、〇〇の席でございますが…」という応対ができるのは個と集団の関係が成熟している証しかもしれません。

また、校長先生に「ゴミがあるよ」と言ったのは、自分が拾いたくないからではないのです。校長先生は今、ゴミ拾いの仕事をしている人だ、とみなしたのです。それで校長先生が気づいていないゴミを教えてあげたのです。自分はよいことをしたのだから家に帰って「校長先生に教えてあげたよ」と、得意になって話すかもしれません。「まあ、何考えているの！校長先生に言う言葉ではないでしょう」と親に諭されて学ぶこともあるでしょう。

集団生活では、まず自分のやるべき責任を果たすのが基本です。その充足感を様々に味わいながら、自分と全体のかかわりも理解していくのだと思います。

車椅子のリレー選手

運動会で、全校児童縦割りによるリレーはとても熱気を呼ぶ競技です。子どもたちは休憩時間などにも、バトンやタスキの受け渡しの練習をして作戦を練ります。

ある時、車椅子のリレー選手が決まりました。リレーに出たいという彼の希望をきいて、コースの途中から走るというハンディをつけて、タイムを競って四年生の代表選手のひとりに選ばれたのです。運動会当日のトラックや走るコースは、事前に何度か石拾いをして整地してあります。しかし、車椅子はガタガタと激しく揺れ動きました。必死の形相で軍手の手で車輪を回し、車椅子と一体になって走る姿に声援が飛びました。タスキを次の走者が受け取って、Mくんは大きな役目を果たしたのでした。運動場は大きな感動で包まれました。

福祉の学習で車椅子体験をして、そんなに簡単に車椅子の操作ができるものではないという実感ももちました。車椅子を上手に操って校内のあちこちを移動するMくんはかっこいいです。もしかしたらMくんもリレーをしたいと思っているのかもしれない。そう思った子が彼に尋ねました。「走りたい？」。どう考えてみてもみんなと同じようにできるわけがないけれど「うん」とうなずいた彼をどうにかしてあげたい。そうして、いろいろ話し合った末に全校縦割りのリレー選手のひとりが誕生したのです。児童会や職員室で先生方も、いろいろ検討されて決定しました。しかし、どうみても平等なリレーではないのは明らかです。でもみんなが許容して納得したのです。Mくんの思いがみんなに共有されたのでした。多様な子どもたちの集団だからこそ、思いもらないようなことが実現していくものです。

集団内には、帰属意識が存在します。集団感情です。全力で自分の責任を果たすMくんの姿に、運動場の大集団にもたらされた、一体感がそうです。情緒的な感動のみではなく、Mくんという個の働き、リレー選手団、運動場の観戦者たち、それぞれの思いが集まった一体感といえるでしょう。帰属意識や信頼感のもてる集団は、子どもたちの今後の自発的生き方の原動力につながるだろうと思います。

学校行事

朝会が終わって教室に向かう子どもたちの中から、Yさんが校長先生に声をかけました。「校長先生、お話し短くしてえや。つかれるけえ。」誰にもタメ口で言う子です。校長先生は返されました。「お話しゅうもんは、いつでも、ちゃんと聞くもんです。」

全校児童のみんなが校長先生のお話を楽しみにしている、そんな話の巧みな校長先生は稀です。たいていの校長先生のお話は、教訓めいていたりして面白くないのが相場です。楽しく面白い話にするための技法を磨くのは校長先生自身の責任です。

「ちゃんと聞くもんです」の言葉に、その時は思わず吹き出してしまっただけでしたが、今考えると、校長先生が返された言葉には大事な意味が含まれているのに気づきます。

学校全体での活動についてです。学校行事の儀式には、朝会を含めて、入学、始業・終業式、卒業式などがあります。学習指導要領「特別活動」には「集団への所属感や連帯感を深め、公共の精神を養い…」とあります。学年や学級の枠を離れて、異年齢集団になるとより大きな集団感情が生まれて、連帯感も強く働くようになります。多様な他者と協働しながら、多様な人間関係や自分自身をみつめていきます。ともあれ、朝会や儀式などは、学校生活で節目というものを学ぶ場だと思います。

生活の節目は、昔から家庭でも大切にされている行事です。民俗学でいわれる、ハレ・ケです。ふだんの日常生活のケに対して、節句や誕生日などに祝い事をするのがハレです。それは生活のメリハリをつけて節目となります。ハレの日には食事や言葉とともに独特の作法があって、季節の移り変わりや自分の成長なども意識されます。竹が節をつくって高く伸びていくように、人間も節目に立ち止まり、自分を見つめ、家族で語り合ったりして、よりよい生活や成長を願って生きていきます。それと同じように、朝会や儀式は、学校生活の節目、メリハリとなるものです。

大勢が集まっている所では、大きな声で話さない、静かに並ぶ、司会者や進行役の指示に従って、お辞儀をする、座るなどの所作もあります。さらに話し手の方を見て話を聞くなど多々あります。この場合、話が面白いかどうかは関係なく、とにかく話を最後まで静かに聞くことが大事なのです。それは集団の中での作法、型です。集団の中にいる時の身の処し方の型を身につけると、学ぶことも容易にできます。型が習慣化されると、話を聞き取り、分かろうとする自主的な聞く態度が身につきます。そして型は、やがて精神的な深化につながっていきます。

例えば、全校児童が集まっている場では、大勢の中のひとりとしての自分を感じることができます。また、高学年の児童は、低学年たちのお手本となるようなふるまいを求められます。自分の態度を自然に改めたりもします。低学年の児童の中には、あの高学年のようになりたいと、憧れ、目標とする子もいるかもしれないのです。それらは、異年齢の集団だからこその自己の存在の自覚でしょう。先生から指示されなくても、身体的に身についた型で当たり前に行動できる外面的なものと、自分の内面の精神的なものとが作用して、自覚的にできるようになった時に、その子に節目が刻まれていくのだと思います。


社会には、多種多様な集団があり、それぞれの集団での個の処し方もいろいろあります。学校社会はお互いに分かりあい親しみの通う仲間集団でもありますが、社会ではそうとは限りません。自分の好き嫌いではなく、多種多様な場に参加せねばならない場合もたくさんあります。社会生活をするというのは、自分の果たすべき責任をもち、社会のきまりを守り、そして社会人のひとりとして活躍することです。大人になっても個と集団のかかわりの学びは続いていきます。

ある時友人に頼まれて、ロータリークラブのランチミーティングで講話をしました。七〇名くらいの会の始まりに、クラブの歌をみんなで斉唱し、クラブ訓も唱和されたので、大変驚きました。学級会や全校集会に原型がある！小学校教育の土台の確かさを思わされました。

二〇歳半ばになるCさんからハガキが届きました。

「先生お元気ですか？久しぶりの冬らしい冬に身体が驚いて職場でも風邪ひきさんが急増中です。先生も気をつけてくださいね。また今年もラン展をやります。二月七日から一六日まで。都合がつけば、ぜひ遊びに来てください。ラン展が色々な方との再会の場となっていて、中学時代の先生や、何年も前のお客様とバッタリ出会って話が弾むようになってきました。あーもうずい分長い間、この仕事してるんだというのをすごく感じます。先生ともぜひ一年ぶりの再会が出来れば…と思います。　C」

職場の上司からハガキを出すようにといわれたわけではないでしょう。企業という組織の中のひとりとして、自分で考えて自分の責任を果たし、社会人として自立して生きている姿を思いました。

（注1）石川律子『小学校の子ども―学びの基礎を見つめて―』溪水社　2017　p.56

きまり

五年生の学級通信にこんな意見が載っていました。

・ぼくは絵が好きだ。晴れた日にどうして教室で休けいしちゃいけないんだ。どうして、そんなことまで決められなきゃいけないんだ。

・「いらないものは、持ってこない」――先生たちにとっては、いらないもの。私たちにとっては、いるもの。どっちが主人公なんだ。私たちのルールは、私たちで決めたい。

一方的に押し付けられている「きまり」に不条理を感じた主張です。学級会ではいろいろと意見が交わされたでしょう。

学校の「きまり」は、身だしなみ、学習用具、日課など、学校生活で守らなくてはいけない内容です。集団生活を秩序よく送るために、ひとりひとりが最低限身につけるように示されています。低学年の子どもたちは、先生に言われた通りにしようと、先生の真似をして学んでいきます。中学年は、きまりの意味を分かって、守ろうとする段階です。高学年になると、きまりの意味を理解して、自分で行動しようとする段階になります。

学校は、大勢のみんながいる所で、個人のわがままは許されないのです。勉強をする場に、不必要な物を持ってきてはいけないのはよく分かっています。授業中は勉強に集中し、休憩時間には緊張から解き放たれて遊びます。しかし、遊ぶといっても自由に存分に満足するほどの時間はなく、遊ぶ場所や遊び方のきまりもあります。登下校の際も、交通安全に気をつける、見守りの人に挨拶をと言われています。帰宅してからも、手洗い、うがい、宿題などそれぞれの家庭生活でのきまりがあります。

考えてみると、子どもは日常生活を諸々のきまりによって過ごしています。小学校時代というのは、多種多様なきまりを身になじませていく時期といえるでしょう。養老孟司さんが、北里大学の教授時代に、教育とは「無意識の訓練」であるとおっしゃっていました。「ああすれば、こうなる」という事象のすべてを意識下におくという考えから脱却して「無意識に適切な行動ができる」という教育に重点を置くべきだとありました。それは、医師が手術をする際、いちいち手順を考えなくても、無意識のうちにメスやハサミなどを手にして施術できる技能を身につける、というのと同じだろうと思います。

きまりを習慣化し身につけさせるのは、子どもを指導しやすいようにするためではありません。学校の集団生活をスムーズに送るのは、将来さらに広がっていく社会で、個として行動できる能力となるようにするためです。きまりを習慣化させるという意味について、具体例から考えてみたいと思います。

「ヤダ〜！」

入学間もない頃です。一年生のSくんは、H先生が「教科書を机の上に出しましょう」と言われると即座に「ヤダ〜！」と叫びました。先生は彼のそばに行って、机の中から教科書を取り出す手助けをしました。「廊下に並びましょう」にも「ヤダ〜」と発する。たびたびのことに他の子どもたちは、まただ、というように顔をしかめたり、自分もヤダ〜なのか、すぐに席を立って廊下に出ようとしない子もみえるようになりました。そこで先生は一計を案じました。翌日、Sくんの「ヤダ〜！」に対して「はい、いいですよ。Sくんは教室に残ってください」と、先生はみんなと一緒に教室を出て行きました。しかしSくんはひとりで自由に遊んでいいわけではないのです。補助のK先生の指示による勉強が始まりました。K先生を散々てこずらせながら、落ち着かない気分で過ごしたことでしょう。その後一週間もたたないうちに「ヤダ〜！」は消えたそうです。休憩時間に出会ったSくんに「いまもヤダ〜！って頑張ってるの？」と笑いながら尋ねると「ひとり勉強はつまんない。そんだもん」と答えました。規制されることへの反発から、諦め、そして同化へときまりを受け入れていったようです。

学校教育は集団での学習が基本です。一年生にはそのためのきまりを習慣化させていきます。長時間過ごす学校生活には、リズムが必要です。時間割にのっとるのは心身にメリハリをもたらせるためです。勉強、休憩、トイレ、給食などの日課を基本的生活習慣として身になじませていきます。学校生活に適応していく過程で、生活のリズムが身に備わっていきます。一年生みんなが先生の指示に素直に従ってくれると指導はたやすいですが、そうではない所にも、子ども自身の葛藤による成長があるのです。きまりを早急に無理やり押しつけては、個性をつぶしかねない。焦らずに、本人自身の納得を見守る工夫が大事なのですね。

交通規則

交通安全については、幼稚園保育園時代から徹底して指導されます。子どもの安全のために必須です。しかし交通規則は、本来ならば小さい時から、家庭や地域社会の日々の生活の場で教えていくものです。今は学校での重要な指導事項となっています。子どもの安全のために、繰り返し教えてまさに「無意識に適切な行動ができる」まで習慣化する必要があるのです。

信号機、横断歩道、自動車、自転車などの模型も設置されて、交通指導員の方によるリアルな体験的学習が行われます。道路標識のひとつひとつに意味があり、交通規則をみんなが守るから、みんなの安全が保たれているのを体験的に学びます。自動車を運転する大人も規則を守っているのを分かると、大人への信頼感ももつでしょう。大人には、手を上げる子どもたちに、どうぞ安心して渡ってねと応える、責任があるのです。

低学年では、規則の意味の理解は不十分でいいから、とにかく身体化させることが大事だと思います。その後学校を超えて見学に出かけるなど地域社会の新たな場所への適応能力となります。子どもたちはやがて中学校、高校、大学、社会などと生活する場が広がり、環境も変化していきます。その応用能力の基盤を養っているのが、小学校における活動です。習慣化する活動には、大きな意味があると思います。

自由にしたい

子どもは、きまりに縛られたくない、大人から規制されずに自由にしたいという願いを強くもっています。しかし、自分の思うままに自由にするのは、実は子どもにとってはなかなか難しいのです。例えば、低学年や中学年の子どもたちに、図工で自分の好きな絵を描いていいよと言うと、とても戸惑います。何をどんな風にしてよいのかが定まらないのです。「好きな花畑」「本を読む友だち」などと具体的に指示されると描けます。夏休みなどは自由な時間がたっぷりあります。でも何もすることがない時間は退屈です。しばしば家の人に「何をしたらいい？」「どこかに連れていってよ〜」となってしまいます。

自由というのは、楽しいことが周りにいろいろと転がっているのではないのです。その楽しいことを自分でつくる、自分が見つけ出すのが、自由という意味です。子ども自身に、自立性が育っていないと無理なのです。最初は、大人からいろいろと強制され、指示されながら、自分はこうすると決める能力も育っていきます。自主的にルールに従い、自分の意思で行動するからです。自由と規制とは表裏一体となって培われていくといえるでしょう。またきまりを強制し教えるのは、どんな状況に置かれてもそれに押しつぶされないような精神力や重圧を受けとめることも、子どもに教育しているのです。やさしさだけでは子どもは育たないといわれる通りです。

子どもから離れて大人の話ですが。世界各国で多彩なプロジェクトを手がけている、インテリアデザイナーの片山正通さんの新聞記事からです（日経2019.12.8）。ファッションのテーマを「黒」にした。色を決めてから、服の素材、形、デザイン、微妙な色あいの多彩さなど細部にわたる自由な発想が広がったのだそうです。規制は自由を縛るものではなく、規制によって自由を得たのです。規制の中でいろいろと考える自由が広がる、それは、子どもにとってだけではなく大人になっても続いていくテーマのようです。

きまりという外的規制は自由を束縛するものといわれます。そうではなく、外的な規制は自由を保障するためです。きまりとして制約の枠組みがあるから、自分の力が自由に発揮できます。また自由を発揮しながら、自分はこれでよいかと顧みる、そういう内的規制も働いていきます。きまりというのは、外的規制と内的規制との両者を含んでいます。このことは、また後にも繰り返し考えていきたいと思います。

自主勉強

宿題で、果たしてどれだけ力が定着するかは不明です。しかし教師としては、少しでも授業内容の定着を図りたいと思うので宿題を課します。そして保護者も、宿題がなければ子どもは怠けてしまうので、強制力のある宿題を望みます。

五年生の家庭学習を宿題ではなく、自主勉強としました。漢字、計算、読書、絵を描くなど自分で決めて、一週間毎に「自主勉強計画表」を作成して、結果と感想を書いて提出。もちろん何もしない日があっても自由です。子どもたちは、やらされる勉強よりも、自分でやる勉強の方がいいと言って、卒業まで取り組みました。保護者からも好評で、意味があったと思います。

その後転勤して受けもった五年生で、同様に「自主勉強」としました。最初はとても喜んだ子どもたちでしたが「先生が決めて」と言い出して、二カ月でもとの宿題に戻してしまいました。高学年になれば誰もができるとは限りません。自分で考えて計画的に自主的にというのは、それなりの能力や態度が育っていないとできないのです。またほとんどの子が塾へ通っており、自主的にというのは難しかったようです。自主勉強は失敗したけれど、自由にするというのは、自分で自分を律していかなくてはいけないのだと、子どもたちは自覚したと思います。

中学生になれば、自律心が育つので、自主的に取り組めるし、成果もあげられるようになるでしょう。外的な規制ではなく、内的な規制で生きようとする精神性も育っていきます。

竹馬

運動用具として竹馬が購入されました。担当の先生から、せっかくの竹馬を体育倉庫に眠らせておくのはもったいない、子どもたちに休憩時間に使って遊ばせてやりたい、という提案がありました。運動委員会の子たちは、はりきって竹馬遊びのきまりを、低中高学年別の表に作ったり、片付けの点検の当番も決めたりして臨みました。しかし、一カ月後には中止となりました。子どもたちは、きちんと取り扱うことができる、そう信じて、どうぞ自由に使って遊んでいいよ、使ったらちゃんと片づけてね、と全校朝会でも説明して、子どもたちの自由に任せたのでした。が、結果はぐちゃぐちゃだったのです。

子どもたちが、自由に道具を使って遊んで、片付けもできる、そういう自律的な態度の成熟度は、発達段階によって異なります。全校の不特定多数の子どもたちが自由にできるということは、責任を取る者が誰もいなかったのです。自由が与えられるというのは、それだけの責任が与えられることでした。ひとりひとりがそれを分かっており、身についていて、行使できるという自由だったのです。

アメリカの社会は、自由が基本です。そこでは、自由に伴う自己責任が明瞭になっています。銃による死傷事件がたびたび発生して社会問題にもなります。しかし銃所持の禁止規制にはなかなかいかないです。銃を所持して自己防衛をするのも自己責任によるものです。それがよいかよくないかという問題ではなく、アメリカでは歴史的に、社会的に、徹底して個人個人が自由を身につけて発展して、社会が成り立っているのです。

紙芝居

子どもたちに絵本の読み聞かせをしているボランティアさんたちのグループがあります。絵本の読み聞かせに限らず、ストーリーテリングや紙芝居などもあります。選ぶ本はそれぞれの学年に応じて、季節や行事にちなんだものや、科学やファンタジーなど様々な分野から取り上げる。時には担任の先生から、国語で宮沢賢治を学習するのでと依頼があり「注文の多い料理店」を読んだなどもあるそうです。

集まっている子どもたちの様子を見ながら、どうやって本の世界に引き込むか、お話しの前にいろいろ工夫をします。低学年では、手遊びをしたり、トライアングルの音を小さく響かせたりして、みんなの気もちが整うのを待ちます。多人数の時はじゃんけんゲームで盛り上げます。ストーリーテリングでは、ろうそくを灯して集中させて、その時の雰囲気によっては、用意してきた本を別の物に変えることも。それで常に数冊持参しているそうです。読み聞かせの対象は、学校外でもゼロ歳児から高齢者のクラブなどと広範囲です。ボランティアさんは、研修を重ねながら既に三〇年近く続けておられる方もあります。

そのお話し会の集まりの時、紙芝居について話題になりました。紙芝居は学年にかかわらず、集中しやすく話の中に入り込んで、子どもたちがとても楽しむそうです。紙芝居は、昭和の初期に、それまであったものを基に考案され、縁日や祭礼などで子どもたちを相手に演じられてきました。昭和三五年頃にはすたれましたが、今日でも子どもたちが喜ぶというのは、お話の面白さとともに、紙芝居には特別の世界に引き込まれる魅力があるのでしょう。

なぜ惹きつけられるのでしょうねと尋ねると、紙芝居は額縁があって成り立つと言われました。絵の紙だけをめくって見せるのでは紙芝居にはならない。額縁によって、中の絵の世界がくっきりと浮かび上がって、外界から切り取られた絵に集中できる。語り手は物語の展開に伴って、語り方や絵を抜く早さを変えたりして、動画的な臨場感をもたらせる。額縁というのは演劇の舞台装置のようなもので、それでこそ物語の展開が成り立つのです。

それは、ジンメルが額縁と絵についていっていることに重なります。(注1) 額縁は、鑑賞者や周りの環境から絵という芸術作品を守る、距離感をもたらします。またこの距離におかれるから、芸術作品は鑑賞者に美術的に受けとめられるものになるとあります。また、額縁に金箔が施されたり、彫刻のある立派な造りであったりするのも、絵にとって意味があるのです。紙芝居の額縁が単なる木の枠ではなく、装飾性のある造りとなっているのは舞台装置としての大事な役目があるからなのですね。紙芝居に額縁という規制があって、その中で展開される物語の絵が生き生きとして、見物者を惹きつけていくことを納得しました。

きまりが形づけられる枠組み

人はいずれかの社会集団に誕生して、その集団に定められたきまり、規範を強制されて、社会的人間として生きていきます。

きまりはいやおうなしの強制で、集団の規範へ同調するように促します。まずはそうしなくては生きていけないのです。一定の規範に従うのは、安定感をもって生活ができるためでもあります。個が集団に適応して集団も維持されていきます。

社会集団を秩序づけ、集団が維持されるように形づくるのがきまりです。それはどのような枠組みによるものでしょうか。枠組みを「国家」と「宗教」と「世間」について整理しておこうと思います。

○国家による枠組み

国家は、政治、経済、文化、教育など国民生活のあらゆる領域の機能をもっています。この仕組みをきまりづけているのは、法です。この法には無条件に従わなくてはなりません。制定された法に従うから、国家、国民の生活が守られます。

第二次世界大戦後の日本は、自由主義を前提として、根源的に自由であり責任を有する国民によって構成されると、憲法に表明しています。国際法上認められた法治国家としての基本原理を表したものです。国際社会の各国は、それぞれの政治的、文化的、歴史的な基本原理で法を整えています。その具体的な解釈は、その国の文化や歴史に基づいてなされます。一定の手続きを踏んで法を変えることも可能となっています。

○宗教による枠組み

宗教の定義は社会学辞典(注2)によると「超人間的・超自然的な力に対する心性、信仰と態度、行事の体系」とあります。力を象徴するものを神、仏、絶対者、超越者として信仰されます。それぞれの宗教には、聖書、法典、きまりなどがあり、倫理、道徳のほか教育、社会、政治などの制度が総合されています。日常生活、対人関係、行動様式などのきまりも含まれます。学校教育のかかわり以前に、生まれた時の宗教によって、社会への順応や生き方などが定められます。各宗教によってその教えは異なり、人の生き方も異なります。

宗教という枠組みは、神や聖なる存在に自己を対峙させながら、社会も形づくられていきます。国の宗教が定められている国では、聖なる存在や絶対者を認めないのは悪魔とみなされます。日本人の中には、信仰する宗教はないと言う人が多くいますが、国際社会の場では軽くは済まない場合もあります。しかし、信仰心はないといっても、一般の人々の子どものしつけなどに、多様な形で伝統的な神や仏の教えが入っています。「ウソをついたりよくない行いをすると、神や仏の罰が当たりますよ」などと子どもに教え諭し、しつけるのも当たり前にあります。信仰云々ではなくても宗教による社会規範は自己も律しているのです。

余談ですが、エジプトのイスラム教徒の方六名を我が家に招いた時の話です。頭に小さな帽子を着けて、裾まである白い服に身を包んだ、エンジニアや通信関係の仕事などをしている方々でした。引率者は日本人でイスラム教徒になった教え子のOくん。平和記念資料館見学の後、公園でメッカの方を向いてお祈りをされました。食事は、広島ならお好み焼きですがそれは無理なので、ハラル対応のできる郷土料理店でご飯、味噌汁、焼き魚、天ぷらなど。食事の後せっかくなので日本の家を見せてあげようと案内しました。仏壇まで見せて、後でまずかったのではないかと思いました。持参されたジュースやナッツなどで休憩の後、お祈りをしたいと言われました。風呂場で手などを洗われたのは三人だけでした。遠慮なさったようです。床に各自のカーペットを敷いて座り、前に座った人の言葉にみんなが唱和してお祈りをされました。

帰り際に、年配の方が一番に私の手を取ってお礼を言われたのでとても驚きました。最初に平和記念資料館前で会った時に、いつもの習慣でひとりずつに手を差し伸べて握手をしました。その時Oくんから「あ、その人はちょっと…」と制されました。上の位の方だったのでしょうか、失礼をしました。そういうことがあったのでした。厳しい戒律をもつ方々との出会いでした。

後日、イスラム教について知りたいと言うと本が送られてきました。Oくんの訳による預言者の物語の書物でした(注3)。

○世間という枠組み

世間というのは、自分に近い親戚や地域などの見知った人たちや、自分に関係のある人との範囲で人間関係が成り立っています。それに対して、欧米では個が主体者として個々の異なる他者が存在しており、必要に応じて集団をつくり人間関係を結びます。西欧の市民社会は、一六世紀に革命を伴ってつくられました。

日本に「社会」という語ができたのは、明治維新後です。それまでは封建時代からの世間が、人の生きる規準となっていました。日本は今日でも社会ではなく、世間がずっと存在しているようです。お互いに顔なじみで親しみの通う世間では、よくない行動を慎み、助け合い、犯罪も少なく、住みよい関係でもあります。しかし、この世間の慣習を規準として生活や行動を求めると、それに同調しない者を非難し制裁するようになります。世間の安定を崩すような行為は、不安感をもたらし迷惑となるからです。

日本人に不安症の人が多いわけについて、次のように書かれています(注4)。ホルモン、セロトニントランスポーターの割合を世界二九カ国で調査したチームの結果からの解説です。セロトニントランスポーターの多い人は、楽天的、大らかなふるまいをする（L型の遺伝子）。少ない人は不安傾向が強く、リスクを想定して慎重になる（S型の遺伝子）。日本人は後者の不安、慎重型が突出しているそうです。

新型コロナウイルス感染症の拡大する中で、同調圧力が働くのは世間という枠組みの中では起こり得るのです。自粛をめぐる過剰な対応の問題に、この世間の負の面が強く表れているようです。世間とはどういうものかを理解し、どのように対処していくかを考える必要があると説かれています。(注5)

国家、宗教、世間の三つの枠組みはそれぞれが独立しているのではなく、人はそれぞれの枠組みに重複しつつ生活しています。それぞれの枠組みにおけるきまりは、根本は不変でしょうが、固定的ではなく、変革も可能なものでしょう。生活しつつ、よりよい方向を目指して、模索して生きていくのが人間社会です。

規則正しい生活

人は社会的動物として、集団で生きていきます。この社会集団の秩序を守り存続していくために社会規範があります。では、たったひとりになった時は、どうなるのでしょうか。ロビンソン・クルーソーを思います。(注6)

孤島にたったひとりで生きていかねばならなくなったロビンソン。彼は状況に対して気もちが落ち着いてきて、まず日課表を作りました。食べる物を考えて、体調を整えるようにし、麦を植えて増やして、自然の恵みを実感します。日記をつけて、規則正しい生活をして、自分を制御しながら生活しました。作った小屋が地震で壊れたのをより頑丈なものに修理したり、動物の皮で服を作ったりと、いろいろ失敗をし試行錯誤しながら、生活をするための技法や知恵を少しずつ会得していったのです。そして以前は、信仰心はもたなかったのに、難破船から持ち出した聖書は自分を支えるよすがとなりました。聖書を読んで自分の過去の罪を懺悔しました。何をしようと誰も見ていない、自由な身に、自己規律をして生きていったのです。

規範は、社会の秩序が維持されるためには必要です。社会のために個を規範で縛ります。しかし、社会の成員である個が、規範を社会からの強制ではなく、自己に内面化して自己自身のための規範として行為する時、それが、社会が存続する基になるのです。誰かから規制されたのではなく、自律的に自分を制御して生きたロビンソン。規範はロビンソン自身が生きるためのものでした。この規範が社会規範です。個も社会もよりよく存続していくためのものです。

ところで、サッカーのカズさんも野球のイチローさんも、自分自身の基礎基本の練習をずっと毎日繰り返してやっているそうです。練習は特別のやり方ではなく、ボールを蹴る、バットを振るなど一見なんでもないような内容です。そして、練習はきまりとしてではなく、全く自分自身のためにです。監督の要請やファンの信頼にいつでも応えられる自分でありたいという、プロとしての責任で当たり前のことだと言われます。毎日同じことの繰り返しに、自分が何を意識してやるかで、その結果も生じるのだろうと思います。もちろん、サッカーが好き、野球が好きという根底があってなのでしょう。

小学生の時に身につけた生活習慣は、生涯にわたって、自己を規制していくための規範として、自己の基盤がつくられるといいます。

毎日繰り返すと、生活に規則性のリズムが備わります。リズムは、安心や安定感をもって生活できる心地よいものです。このリズムが壊されると不安になったり、リズムからはみ出していこうとすると葛藤が始まります。ここに独創性が生まれるのです。子どもに、きまりは守るべきもの、とすべてそこに押し込めると、独創性が育たないことになります。まさに芭蕉のいう不易流行です。


きまりをめぐっていろいろ眺めてみました。子どもをどう指導していけばいいのか、それは、先生自身の「自由な」発想からなのでしょうね。

（注1）ゲオルク・ジンメル　北川東子編訳・鈴木直訳『ジンメル・コレクション』ちくま学芸文庫　1999
（注2）福武直ほか『社会学辞典』有斐閣　1969
（注3）マウラナ・ムハンマド・ザガリヤ著　イブラーヒーム大久保賢訳『ファザイル・アマル（行いの徳）』ダイシンプリント　2009
（注4）中野信子『ヒトは「いじめ」をやめられない』小学館新書　2017
（注5）鴻上尚史・佐藤直樹『同調圧力』講談社現代新書　2020

（注6）ダニエル・デフォー　海保眞夫訳『ロビンソン・クルーソー』岩波少年文庫　2004

教室に落ちていたライター

五年生の学級通信に「教室にライターが落ちていた」という記事がありました。

・教室にライターが落ちていてちょっといやな感じになりました。だれが持ってきたのか分からないけれど、その人はちょっときらいです。その人は、何をするためにライターを持ってきたのか、とても不思議に思います。

・ぼくは、木や物を燃やしたりできる道具を持ってきた人は許せません。

・この教室に落ちていたことが一番悲しいです。その人はどんな気持ちでどんなことに使おうとしたのか、私には分かりません。

他にも同様に不快な心情が多くつづられています。最後に担任の先生の言葉。「教室でライターが見つかりました。水色の一〇〇円ライター。後ろのロッカーの下に落ちていました。どうするつもりだったのでしょう。このことについては計画的に話し合っていくつもりです。お家の方の持ち物についても、子どもたちのためにきちんと管理をお願いします。」

教室にライターが落ちていたというショッキングな出来事です。担任の言葉にあるように「計画的に話し合って」子どもたちの考えも深められたでしょう。

勉強に不要な物を持ってきてはいけないことは、子どもは理解しています。にもかかわらず、このような事態が発生してしまうのが、多様な子どもがいる学校社会です。一度指導すればそれでよし、とはなりません。時を変え、場を変えて様々なよくない事をしてしまうのが子どもです。でもほとんどの子どもは、よくない行いはしないものです。よくない事をした子でも、二、三回叱られたり、注意されたりしたら、もうしなくなります。学年が上がると事のよし悪しを判断して行動できるようになります。しかしなかには、これはまずいのではないかと分かっていてする、いけないと言われるとやってみたがる子がいます。そういうのが子どもです。何かが起こった時にそのつど、繰り返し指導していかなくてはなりません。多様な子どもがいるから学びの機会がもたらされます。

「ライターはよくない」という指導だけで終わってしまうのでは、今子どもがもった「ライター」への関心や好奇心をつぶしてしまうでしょう。せっかくの教育機会を失ってしまいます。

子どもの興味関心が大きいほど、子ども自身の学びとなるのは自明です。では、教育機会の具体的な内容はどのようなものでしょうか。「ライター」の出来事から、子どもに学ばせたい事柄を考えてみたいと思います。

「ライター」は「火」に結びついています。「火」は人類を特徴づけるもっとも根源的なもので「火」

に関する様々な本が出版されています。（注1）ここでは火にまつわる知識、火の怖さ、火の大事さなど「火」をテーマとして、次のような視点を設定してみました。

1．火は危険なものである——確認と生徒指導
2．火はどこから手に入れたのか——火の起こり
3．身の周りの火にかかわるもの——火の用途
4．火とはどういうものか——科学的知識
5．火が意味すること——文化的知識

以下、順に中身をみていきます。

1．火は危険なものである——確認と生徒指導

これは、生徒指導として、きちんと指導せねばならない事柄です。火の危険性を再確認させる指導です。

低学年や中学年では「学校に不要な物は持ってこない」で、よい場合もあると思います。誰もが火は危険だとよく分かっています。「燃える」「火事になる」「火傷をする」などの危険性を確認して、ライターやマッチなどを不用意に扱ってはいけないと教えます。

高学年の指導で留意しておきたいのは、感情と理性についてです。エピソードの子どもたちは「ライターを持ってきた人」に対して拒否感を抱いています。「その人は嫌いです」「許せません」

と嫌悪しています。担任も同様に「どうするつもりだったのでしょう」と批判的です。これらは感情で言っている言葉です。それだけで終わっていたら、いやだという拒否感だけが残ってしまいます。

拒否感は、いやなものは見たくない、考えたくない、という感情につながります。いけないことをした友だちを嫌悪するのは、自分を正しいとして優位に置いて、友だちを見ています。嫌悪の感情は、それ以上考えたくない気もちになってしまいます。感情だけの指導では学びになりません。もちろん通信にあるように、最初に、それぞれの子どもの気もちを聞きとめることは必要です。この嫌悪する感情を吐き出した後で、ライターを持ってきた友だちについて考えます。その時「あなたはどう思う?」という問いかけでは、自分の立場から相手をみてしまいます。自分の思いではなく、ライターを持ってきた友だち自身について想像したいです。その人の立場になって考える、それは理性の働きです。感情と理性とは相互作用しながらより深みのある思考になります。どう問えば、感情とともに理性的に考えられるでしょうか。

発問応答の例をあげてみます。

① ――ライターを持ってくると、どんな気もちになるだろうね。

・ちょっと優越感をもつ

――どんな優越感だろうか?

・大人びた感覚
・危ないことができるんだぞという気もち
・悪の感じ
②――それで、どんな友だちにみせびらかそうとしたんだろうね。
・自分より弱い人
・日頃あまりいい感じをもっていない人
・自分の悪口を言った人
・からかってやりたい人
③――学校に火をつけて燃やそうなんて、大変なことを考えていたわけではないんだね。ほんのちょっと強がってみたい気もちだねえ。その気もちは分かるよという人は教えてください。
・人に威張ってみたいという、優越感は自分にもある
・もしかしたら、自分だってそうしたかもしれない
・たまたま落ちていたライターを見つけたら、ポケットに入れるかもしれない
こうした話し合いで、自分は絶対によくないことはしないとは言いきれない、もしかしたら自分も同じかもしれない、そういう自分のなかにある弱さに気づかせたいと思います。よくないと分かっていても、ついしてしまうのは誰にも起こり得ることです。しかし、実際にそうするかしないか、行動の判断をするのは自分の心が決めます。悪の誘惑に子どもは惹きつけられるもので

す。特に高学年になった頃からは、タバコ、有害図書、薬、ＳＮＳでの見知らぬ他者からの誘いなど様々な誘惑が待っている社会が広がっていきます。自分は大丈夫、とは言い切れないのです。自分の弱さを意識しつつ、これからであう様々な誘惑に対処して生きていってほしいのです。

2. 火はどこから手に入れたのか――火の起こり

人類は火山や森林の自然発火などの火を利用することを発明しました。その一方で、人は火にまつわる神話を様々に書いてきました。

日食の時に、太陽を見上げると不思議な感覚に包まれます。あの太陽は燃えている、と知識では分かっているのですが、今この瞬間も炎が燃え上がっているとは実感し難いです。人間が扱うようになった火は、太陽からプロメテウスが燃える火を取ってきて人間に与えた、とギリシャ神話は伝えています。

プロメテウスは、主神ゼウスの反対を押し切って、天界の火をオオウイキョウの茎の中に入れて盗み出して人間に与えた。怒ったゼウスは、プロメテウスをコーカサス山脈の山に鎖で縛りつけて、鷲に内臓を食べられては再生するという罰を与えた。プロメテウスは永遠の苦しみを味わうことになった。そして、火を使うことを知った人間には「パンドラの箱」を与えた。箱の中には災いが入っており、人間界に持ってきた美しい乙女のパンドラが蓋を開けて、中身を撒き散らした。慌てて蓋を閉めた時には「希望」だけが残っていた。そのために、人間は生きている間、苦労し、病気になったり、汗水流して働かねばならなくなった。そして、人間は希望を糧に生きている。――これは多様にある神話の解釈のひとつの物語です。

「聖火」はオリンピック・パラリンピックを華やかに、そして厳粛に彩ります。近代オリンピックにおける聖火は一九二八年から取り入れられました。ギリシャのオリンピアの神殿跡地で採火されます。太陽光を一点に集中させる凹面鏡に、巫女がトーチをかざして火を点けます。聖火は各地を巡り、メイン会場の競技場の聖火台に点火され、大会中燃え続けて、オリンピック・パラリンピックを見守ります。採火、聖火リレー、聖火台への点火という儀式は、聖火を特別な火としての感動をもたらしています。

五年生の子どもたちにとって感動的なのは、野外活動のキャンプファイヤーでしょう。火の女神によってもたらされた火がファイヤーに点火されて、燃え盛るファイヤーを囲んで歌い、踊り、楽しく、みんなが一体感に包まれてひとときを過ごします。儀式と娯楽、静と動の活動は火の女神や営火長の役目など、諸々重要な意味のある演出によってドラマが展開されます。

これらは古代文明が発生したギリシャの神話からのものですが、他にもエジプト神話、メソポタミア神話、ローマ神話などには、太陽の神、月の神などがでてきます。日本の神話では、太陽はもともとあったのではなく、神が産んだと伝えられています。イザナギノミコトとイザナミノミコトは高天原の神に命じられて、日本列島となる大小の島々を産みました。この国産みの後、風の神、木の神、野の神などの神々、そして火の神ヒノカグツチノカミを産みました。しかし火の神の出産時にイザナミは陰部を火傷して、これがもとで亡くなってしまいます。火にかかわる神々は他にも次々と産まれているのが、古事記に書かれています。

神話には、太陽や火への畏怖や尊敬などがあります。他にもそれぞれの国によって、神話や伝説などに火の始まりはいろいろに物語られており、興味深いものが多々あります。

3. 身の周りの火にかかわるもの――火の用途

火を手に入れた人間は、火を使って文明を築いてきました。原始古代から現代まで、火を使い、加工して様々なモノを作り出して、人間社会は発展してきたのです。火と人間のかかわりが歴史をつくってきているともいえるでしょう。身の周りの、火にかかわるものを眺めてみましょう。

○生活のために

火を焚くことによって身の安全を守ります。狩猟時代にはとくに大事であったでしょう。様々な猛獣から身を守る、明かりとして、暖を取る、調理するためになどあります。

○道具類の製作

鍛冶はかなり古い時代から行われていました。金属を熱して鍛え器具をつくりました。包丁、オノ、クワ、カマ、刀など多種多様にあります。

○農業

焼き畑農業があります。雑草、雑木などを焼き払い、灰を肥料にして作物を栽培します。日本ではほとんど見られなくなりましたが、東南アジア、中南米などで行われています。この焼き畑による煙で、飛行機の運行が妨げられる被害もたびたび報じられています。

山焼きは、早春に山の枯れ草を焼き払って、害虫の卵などを取り除いて、灰は肥料として新しい芽が生長していくようにするためです。奈良の若草山、山口の秋吉台の山焼きは年中行事となっています。

○漁業

イカ釣り漁などでは、漁船の明かりに寄ってきた魚を捕ります。鵜飼は観光業になっていますが、もともとは鮎を捕るのに必要な明かりとしての漁火だったのでしょう。

○工業

製鉄や溶接などは火を使って機械製品などを作ります。島根県の奥出雲町でたたら製法を博物館で見ました。たたら製鉄は古代から行われており、砂鉄を原料として炭火の中で加熱して鉄を作り出していました。

○象徴として

松明、タイマツは、明かりとして使います。電気のない時代に廊下や部屋の明かりとしていました。また、松明を使って夜道を照らし、神聖な火を運ぶ神事や祭りは世界各国に見られます。

照らすというのは「闇を照らす」「世を照らす」「世界を照らす」という象徴的な意味をもっています。

○芸能

秋祭りには神社の境内にかがり火が掲げられます。神楽の舞い、お囃子の音色、行き交う人々のざわめきなど夜の境内が幻想的に包まれていきます。薪能は、能舞台の周囲にかがり火を焚いて演じられる能楽です。なんともいえない神秘的で幽玄な雰囲気が漂います。

○合図

日本の戦国時代には狼煙を上げて、遠くにいる仲間たちへの戦況の合図としました。「稲むらの火」という話が小泉八雲の作品にあります。一八五四年和歌山県の南海地震の時、庄屋の五兵衛は地震の揺れを感じた後、海水が沖へ引いていくのを見て津波が来ることに気づいた。祭りの準備をしていた村人たちに知らせるために、刈り取ったばかりの稲の束（稲むら）に火を点けた。火事かと高台に集まった村人たちは、先ほどまで自分たちがいた村が津波に襲われるのを目にしたのでした。

○原子の火

ウランやプルトニウムの核分裂や、重水素、トリチウムなどの核融合の反応によってできる核エネルギーです。原子の火は「プロメテウスの火」といわれます。人間の手では制御できなくなることを指しています。それでも人間は、限りなく未知を求め、知りたい、解明したいと挑戦していきます。それは人間としての業なのでしょうか。

4．火とはどういうものか――科学的知識

学校教育は、科学的な知識を教科のカリキュラムによって教えています。火にかかわる学習内容を、理科と社会科から一部抽出してみます。

○理科

三年・物に日光を当てると明るさや暖かさが変わる

・太陽と地面の様子

四年・金属、水、空気が熱せられた時の暖まり方の違い

五年・植物の生長には日光や肥料が関係する

六年・燃焼の仕組み　植物体が燃える時空気中の酸素が使われ二酸化炭素ができる

・月と太陽　位置関係によって見え方が違う

○社会科

三年・地域の安全を守る働き　火事からくらしを守る

四年・伝統文化、文化財、年中行事

・自然災害から身を守る

五年・工業生産、製造業、自然災害

六年・歴史、神話、伝承

科学的知識を得ると物事の因果関係や事象などが説明づけられ、理解できます。科学的知識は先人から伝えられた知識です。それをもとにして新しい知識が積み重ねられて、新たな概念知識が生まれていきます。

しかし、科学は万能ではありません。以前に科学的に解明された事柄が今日否定されているのは多々あります。科学というのは、証明されたことを批判的に見ては新しい発見をしていきます。だから、知識を絶対的なものとして押し付けるのではなく、子どもの発想を引き出していくのが大事です。子どもの思いがけない言動に柔軟に対応できるには、どうすればいいのでしょうか。

自然界の火についても、科学的に解明されています。私が高学年の時、担任の先生が「森の木と木が擦れあって山火事が発生する」と言われ、自然現象は不思議だなあと印象に残りました。教師になって野外活動センターで火起こしの実践活動をしました。木で作られた火起こし器を必死で動かしたのですが、薄煙すら出てこなかったのです。擦るというのはどんなに力が必要かと思い知ったのです。自然の力の大きさは計り知れないと改めて思いました。

毎年、オーストラリアやアメリカのカリフォルニア州などの森林火災が大きく報じられています。空気が乾燥する、高温になる、熱波が襲うなどの火災が発生しやすい条件のもとに、強風も加わり大規模な火災となっています。被害も多々あり、大量の煙が都市部を覆い呼吸困難を引き起こすなど、人々の生活への被害とともに、野生動物の哺乳類、鳥類、爬虫類などの生息地や餌が失われ、種の絶滅も危惧されると報道されています。

山火事は太古から自然現象としてあります。雷や火山の噴火による、あるいは強風で木の摩擦によるなどの自然災害があります。今の時代は、人為的な要因が大きいといわれます。焚火やタバコの不始末、焼き畑農業などの野焼きは火災の一因といわれますが、近年は気候変動や温暖化も問題視されています。気温上昇を止めようと、化石燃料の削減や二酸化炭素の排出量を減らすなど、世界的規模での取り組みが行われています。

九州は火の国といわれています。桜島は山頂に白い煙をたなびかせており、時折爆発的噴火をして驚かされます。鹿児島市内の街路の脇に、噴火による灰を処理するためのビニル袋が置いてありました。テレビの天気予報で風の向きを報じている意味も当地に行って分かりました。降灰で、農作物やビニルハウス、家屋、洗濯物などへの被害があるのを、鹿児島に住む友人が教えてくれました。小さい時から火山とともに育った人たちは、火の山にどんな思いをもって暮らしてきているのだろうかと思います。

5. 火が意味すること――文化的知識

昔から人々は火を崇め、畏れ、大事にして火と共に暮らしてきました。民俗的な伝統行事や宗教行事などは、様々な火が大事な役目を担っています。

○年中行事

・小正月、一月一四日～一五日にとんど祭りが行われます。地域によっては「とんど焼き、どんど焼き」などと言われて、お正月に迎えた歳神様を、炎とともに天に見送ります。飾った門松や注連縄なども各家から持ち寄って積み上げて燃やします。燃え上がる炎に、書初めが舞い上がり、高く上がると字が上達するなどといわれます。新しい年の無病息災も願う行事です。

・お水取りは、東大寺二月堂で行われる旧暦二月の仏教行事です。仏の前で罪過を懺悔します。この時僧侶が回廊で松明を振り回す様子は、お堂が燃え上がるようで息が詰まります。松明の火の粉を浴びると健康になる、幸せになるなどといわれて、燃えカスをお守りにする人もあるそうです。

・お盆には、迎え火、送り火を焚きます。先祖の霊を家に迎え入れるための目印として、またご先祖様が家に滞在している印しといわれます。送り火は、先祖の霊があの世に還るのを送るためです。大規模なのは、山の大文字焼きです。京都の五山送り火の伝統行事があります。

盆提灯もそうです。広島県西部では、お墓に盆灯篭を立てています。これは浄土真宗の安芸門徒の風習として伝わっています。川や海では、灯篭流しが行われます。秋田の竿燈まつりも同様に、それぞれ先祖の霊を祀るための行事です。

・火渡り。燃えている炭火の上を裸足で歩く行事です。もとは修験者が超自然的な力を発揮するための修行だったのが、一般にも行われるようになったそうです。火渡りをすると、風邪をひかない、病気にならないといわれます。子どもたちのために、赤い炭火に水がかけられてもうもうと煙がくすぶる中を駆けるように渡りました。一メートル余りの幅だったと思いますが、ドキドキしたものです。火渡りは、北米のインディアン、ヒンズー教徒、スリランカなどでも行われるそうです。

○農作業

・虫送り。稲作に害をもたらす虫を追い払うために、松明を点して振り回します。今日では形式的な行事かもしれませんが、かつてはイナゴや害虫を駆除する切実な願いもあったのです。第二次世界大戦中にはイナゴを取った、それは大事な蛋白源であったという話を、当時小学五年生だった人から聞きました。

○祈り、願い

・「消えずの霊火」。安芸の宮島にある霊火堂は、八〇六年に弘法大師空海が護摩火を焚いて修業したといわれる所です。そのときに使用した火が現在に至って燃え続けているとあります。比叡山延暦寺の根本中堂にある「不滅の法灯」は、七八八年に最澄が灯明を掲げて以来燃え続けているといわれています。仏の光として、広く世を照らし、人々を守っていると伝えています。

・平和の灯。広島の平和記念公園に「慰霊の灯」が点されています。一九六四年に建立されて以来ずっと燃え続けて「核兵器が地球上から姿を消す日まで燃やし続けよう」という願いの象徴の灯です。この灯は、宮島の消えずの霊火が火種になっています。

・自由の女神像。ニューヨークのリバティー島にある像は、アメリカ合衆国独立一〇〇周年を記念して一八八六年に建てられました。女神は右手に炎を上げるタイマツを掲げています。足元には、引きちぎられた鎖と足かせがあり、すべての弾圧や抑圧からの解放と人類の自由平等を表しています。タイマツは世界を広く照らし出していることを象徴しているのでしょう。アメリカに住む妹夫妻に連れられて行き、すぐ近くを通る船から見上げた女神の冠の所に、観光客の姿が小さく見えていました。そびえ立つ像の大きさに圧倒されて荘厳さは覚えていません。

○境界

火は燃える中に何か神秘的なものが漂うのを感じさせられます。三島由紀夫の『潮騒』からです。新治と初江が向きあう間には、小さな焚火の炎があった。「その火を飛び越して来い」と新治は言った。火はあちら側とこちら側との境である。この火を飛び越えたら未知の何かが待っている。――そういう若者の心情、状況を表しているのを思いました。

○心理学の見地から

二年生と四年生の兄弟がスーパーマーケットで補導されました。

二人は日頃たびたびそのスーパーに来ていて、買い物をするわけでもなかった。店内をただ歩き回って出て行く。ある日店の人が注意して見ており、店を出た所で問いかけた。ポケットには、ガム、チョコレートなどが入っていた。

家に連絡がつかないのでと学校に店長さんから電話が入った。スーパー二階の事務室に行くと、二人が下を向いて座っていた。事情の説明に続いて、店長さんは兄の方に向いて言われた。「おまえ、タバコをやっとろうが」えっ！タバコも盗んだのか？「嘘をついても、みな分かっとるんで」兄は横を向いた。「いつからやっとるんや」しばらくたって観念したように「二年生ごろから」と小さく答えた。「弟にも吸わせとるんか」に二人が首を強く振った。

万引きも重大事であったが、兄がタバコを吸っているのを店長さんが指摘されたのにとても驚いた。後で尋ねると「すぐに分かった。目が濁っている、指先が黄色くなっている、相当前からやっている」と言われた。

二人を家に連れて帰る途中、通学路の石垣の道に寄った。兄が店長さんに白状した通り、畑に築いてある石垣の小さな隙間の奥に、タバコとライターが入っていた。

居間のテーブルの上には灰皿、そしてタバコもライターも常に置いてある。子どもは父親の吸うタバコの中で生活してきている。母親は最近再婚した専業主婦。おやつのケーキやジュースも手作りをして気を遣って育てているのにと話した。その後半年くらいたって、離婚することになったと母親が言ってきて、子どもたちは転校していった。

なぜタバコに手を出したのか、それは分からないです。子どもにとっては身近に無防備にありました。身近にあったのがいけないのではないでしょう。

河合隼雄さんの本で読みました。火のいたずらをする子は、ぬくもりを欲している。両親とも健在で、経済的にも恵まれた家庭にみえるけれど、子どもにとっては、何かが足りないのだろう――とありました。その後兄弟はどんなふうに育っていったのだろうか、と思います。

○好奇心

戦後間もない頃の子ども時代は、土間のおくどさんでご飯を炊き、柴やマキで五右衛門風呂を沸かしていました。火を焚くのは子どもの役目でした。柴やマキを重ねる、一番下にマッチで火をつけた新聞紙を差し込む。新聞紙はすぐに燃えてしまい、柴にはなかなか火がつかず、ようやく火が移ると、火吹き竹で吹きました。いつも苦労したのを覚えています。このように日常生活には生の火がありました。特に注意されなくても火の怖さも分かって育っていきました。

電化された生活では、生の火を目にする、ましてや手にするなどはほとんどないでしょう。喫煙者も少なくなっている今日、ライターやマッチも子どもたちの身の周りに当たり前にある状況ではなくなっています。それは大変喜ばしいことです。しかしそれで、子どもたちのいたずらが解消されるというものではないでしょう。子どもから遠ざかってしまった火の諸々を、どう伝えるか、悩ましいことでもあります。

二〇年余りも昔の出来事ですが、墓地の裏山で山火事が発生しました。五年生三人の男子がマッチで遊んで、たちまち燃え広がったのです。最初は、枯れ葉がパチパチと燃えるのが面白かった。もっと火を大きくしようと次第に枯れ葉の山を大きくし、落ち葉を投げ入れて燃やしていった。いきなり炎が大きく立ち上がり、あたりに燃え広がった。慌てて、消そうとして着ていたジャンバーを脱いであおった。逆効果だった。どんなにか恐怖にかられたことでしょう。墓地の裏山に上がった煙に気づいた人の通報で、すぐに消防自動車が来て大事には至りませんでした。マッチはひとりが一〇〇円ショップで買ったものでした。彼らの親御さんは誰も喫煙者ではなく、とても戸惑っておられました。

子どもたちがどんなきっかけで火に興味を覚えたのかは分かりませんが、興味をもつこと自体は悪くはないのです。今までの経験による火は、誕生日やクリスマスなどのデコレーションケーキに飾られたローソクの火です。それは口で吹いたり、手であおぐなどですぐに消えてしまうものでした。それでも燃えると火事になるかもしれないのは分かっていたはずです。しかし、彼らにとっては実際にやってみないと分からないことだったのです。火には人の心を惹きつける何かが宿っているようです。火と人間は長く深い歴史をもっているのを思います。

子どもたちの学校生活は、何でもないような出来事の積み重ねです。「教室にライターが落ちていた」というような事件はめったにありません。ここでは、それをひとつのきっかけにして、思考を展開してみました。

こうして思考を例示したのは、このようなことを子どもたちに教えましょうというのではありません。子どもの前に立つ教師として、あれこれ知識を広げていくと心が豊かになります。柔軟に子どもに対応するのも可能になるでしょう。そして大事なのは、子どもたちに「いかに教えないか」ということだと思います。「どうして人間は火を大事にしているんだろうねえ」「ところで火はどんなものに使われているのかなあ」など、それだけをつぶやく。つけ足すとすれば「誰か調べて教えてほしいなあ」と言っておしまいにする。あらかじめ整理した知識を早々と子どもたちに教えようとするのは、知識をひけらかす自己満足の姿でしかありません。教えるのに適切なときはいくつもあります。まさに子どもの探究心に小さな火を点けるのが教師の仕事だと思います。

学校生活は何でもないように過ぎているとはいっても、そこには、日々変容して育っていく子どもたちの小さなエピソードが満ちています。子どもたちは、カリキュラムにのっとって知識を多様に習得して、事象を多角的に見たり考えたりして学びます。その学習と小さなエピソードとは、別々にあるのではなく同時進行の学校生活です。「ライター」が、危険なライターに留まらず、視野を拡大する視点をもたせます。子どもたちにはみんなと意見を交わしながら、好奇心を広げて知識を得る楽しさをもたせたいです。

ただ、子どもの学びや成長を学校教育がすべて負うことはできません。学校教育でできること、できないことを見極めつつやっていく必要があるでしょう。それでも学校とは、子どもにとってよいことも悪いことも、成功も失敗も、教材も設備も、教職員も、それらのすべてが、教育的環境なのです。それは時代や社会の違いを越えて、普遍的な学校の存在意義だと思います。学校は社会と連携しつつその存在意義を自覚して、日々の事象を教育的素材として、子どもの成長に生かしていかなければならないのでしょう。

（注1）例えば、磯田浩『火と人間』法政大学出版局　2004

偏見と差別

落語が好きで時折CDを聞いています。名人芸がどうとかオチなどの約束事の詳細は知らないままに、ただ楽しみます。寄席で聞いた話はその場の雰囲気も想像できるのでなおさらです。

好きな話の一つに「井戸の茶碗」があります。屑屋の清兵衛が、仏像が売れた大金を持って、裏長屋に住む浪人の千代田卜斎と武家屋敷の高木作左衛門の間を行ったり来たりせねばならなくなる話です。身分上下のあった時代に、清兵衛は浪人者と武士に対等に接しています。もちろんものの言い方は丁寧語であり自分の分をわきまえている。武士にしても清兵衛に対して命令口調ですが、見下した言い方ではありません。また多くの話に、頭の少しよくない与太が出てきて、周りから叱られたり、つっけんどんにされたりするけれど、決してのけ者にされてはいないのです。仲間のひとりとして存在しています。

落語の話と違って現実の社会では、差別や偏見が多様にあります。差別がいけないのは誰もが分かっています。それでも差別は様々に起こり、いじめにつながったりしているのです。差別をなくするために議論も重ねられていますがいっこうになくなりません。

人が社会生活をしているあらゆる状況や場面で、差別は様々な形で生じるといわれています。例えば、人種、性別、年齢、職業、出身地など他にも様々な要因で差別は起きます。差別に関して、一九六〇年代の北米での人権意識の高まりが世界にも広がり、次第に国際的な法も整備されてきました。社会の人々の意識も進んできているはずの二一世紀の今日ですが、差別は形を変えながら続いています。社会生活の場では差別や偏見はなくせないのでしょうか。それは、なぜなのでしょうか。その根底の所を考えてみたいと思います。

差別を問題にするとき「差別偏見」「差別・偏見」「差別と偏見」などと表記されて、差別は偏見とセットにしてとらえられています。それは差別と偏見とが密接な関係をもっているからであり、偏見と差別は同義的に用いられています。「偏見」は、ある集団に属する人々に対する偏った認知や感情のことであり、それをもとにして具体的な行動として現れたのが「差別」です。認知、感情、行動として表れるものなので、偏見・差別と総称されるようです。文脈の中で差別と偏見を適宜使い分けていきますが、同義と解釈しています。

民族差別

五年生担任の時、休憩時間に教室の子どもたちを何気無く見ていました。

Nが、Eの顔を覗き込んで「アッ、チョウセンジン」と言った。「どうしてねえ〜、違うよお〜」とEはべそ顔で叫んだ。Nは笑いながら離れていき、こんどはMの顔を覗き込んで同じように「アッ、チョウセンジン」と言った。「ほうで、それがどうしたんや。何か悪いんか」Mは憮然として言った。「あっ、なんでもない、なんでもない」とNは笑いながら離れていった。Nを呼んで、どういうことなのかと問うと「悪いとか、どうとかいう意味じゃない」と言った。確かに、Eは彼女の親友である。「Mくんに言ったのはどうして？」「う〜ん、目が細いから、言ってみただけ。」友だちの不意を突いて戸惑うのを面白がっただけのようである。

Mは最近転校してきた。彼が前に住んでいた大阪のことを私に話してくれていた時、そばにいたSが「へんな所に住んでいたね」と言った。「どうして？」と尋ねると「お母さんが言ってた」と答えた。お母さんに電話してみようと思い、その時はSには注意しなかった。人権週間も近いし、差別について学習させたい。Mが大阪で使っていた道徳の副読本(注1)を借りて授業をしよう。

その時どんな授業をしたのかは覚えていませんが、当時の学級日誌の記述です。

Nは誰かから朝鮮人という言葉を知ったのでしょう。でも何も知らなかったから遊びになったのです。朝鮮人がどういうことを意味するのか知っていたら言わなかっただろうと思います。Mの憮然とした応答に何かを感じたのでしょうか、その後はもう言いませんでした。Sは母の言葉を口にしただけです。差別しているという意識はないので、当人を前にしてあっけらかんと言ったのです。MはSの言葉に対して何も言いませんでした。五年生くらいになれば、言ってよいこと、よくないことは分かります。それをくったくなく発したのは、わだかまりなどはもっていなかったからといえるでしょう。

Sが母から聞いたように、偏見や差別の意識をもっている大人が子どもに知らず知らず教えているのです。親の影響は強いです。大人から入った偏見の知識が、子どもに偏見としてすみついていくかもしれないのです。また、知らなかったから、というのは子どもには許されるでしょうが、成人になると罪に問われるようにもなります。成人の言動は責任を伴います。


子どもはもともと民族を差別する意識はもっていないと思います。幼い頃から一緒に遊び、学校で過ごしてきたら、友だちとして対等な感じで育っていくと思います。

私が小学校の時クラスの中に、朝鮮籍の貧しい子が何人かいました。戦後七、八年たった頃の時代は、物がなくみんな貧しかったのです。あか抜けたきれいな服を着ている子はほとんどいなくて、たいていどこか破れていたり繕ってあったり、縫い直したりした服でした。そういうのが当たり前でした。

市内電車に乗り町中に出ると、顔や腕などに火傷の跡の皮膚がひきつった人を何人も見みかけました。被爆によるケロイドだと教えられたと思います。じろじろ見てはいけないのも分かっていました。クラスに、頭半分に火傷のような跡があり、そこには髪の毛が生えていなかった男子がいました。その火傷の跡が原爆によるものかどうかは知らなかったのですが、彼がそれでいじめにあうというのはなかったように思います。朗らかな子でもありました。なんとなく触れてはいけないという感じを子ども心にもっていました。

四〇代のMさんの話にもありました。

中学生の時、何気無く友だちの生徒手帳が目に入り、いつも呼んでいる彼の名前ではないので驚いた。どう読むのかと教えてもらって、彼が韓国籍なのだと知った。だからどうってことはなかった。小学校からの友だちであり、お互いの家にも行き来していた。「ああ、そうなのか」と思っただけだった。小さい時からいっしょに遊んだり行き来したりしていれば、別に問題視するようにはならないはずだ。

偏見は、相手に対しての無知や誤解に基づくので、接触する機会を増やして真の姿に触れていれば偏見はなくなる、と接触仮説(注2)に言われる通りです。身近に友だちとして学校生活をするのは、当たり前になじんでいく上で大事な環境であったと思います。

在日韓国・朝鮮人の問題は日本に根深くあります。一九一〇年から一九四五年まで日本は朝鮮半島を植民地として支配しました。その折には朝鮮民族を劣っているとして下に見る教育が行われました。在日韓国・朝鮮人の多くは、生活や仕事の場を日本に求めて来日したり、強制連行や徴兵されたりしました。彼らを見下げる教育を受けた大人たちから子へ孫へと差別意識が伝わってきました。歴史的背景の知識をもたないままに、差別意識が沁みついているのを思います。

偏見や差別はいけないと理解されている今日です。しかし、一定年代以上の大人には差別意識が根強く残っているから、差別する表現がつい何気無く無意識に出てしまうのです。ちなみに国際機関の人種差別撤廃委員会は、日本政府に対して、在日コリアン、アイヌ、被差別部落、その他の状況改善をするように繰り返し勧告を行っています。日本での人種・民族に関する偏見や差別の問題の理解がまだ不十分ということです。多くは、歴史的潜在意識の問題かもしれません。

障害のある人についての学習

障害のある人は、かわいそうな人、何か手助けをしてあげよう、というのは自分が優位に立って相手を見ています。そのような観念的な教え方は、今はしていないと思います。障害があるのは不自由であるけれど、劣っている人ではないのです。人は誰もがその人なりのよさをもっていて、障害はその人の「個性」なのだと教えます。そういう道徳の五年生の授業を参観しました。

視覚障害者は、白杖が手の代わりで地面の様子を理解し、頬で風や周りの雰囲気を感じ、方向を知ります。それらはすごいことで、目が見えなくてもすごい能力をもっている人だ、他の人よりも素晴らしい感覚をもっている、それはひとつの個性である、という教材でした。感想は「障害があっても、それは個性なんだ、その人のよさなんだ、とこれからはみていきたい」と多くの子どもたちが言っていました。

個性というのは輝きのある言葉です。誰にも個性があり、その個性を大事にして生活していこう、と障害を個性として前向きにとらえています。その見方は正しいのですが、障害を個性といいきって、表面的なものにしない配慮も必要だと思います。障害という明らかな不自由さがあるのに、本当に助けを必要としているものを見ないであいまいにしてしまいそうです。どこがどう不自由なのか、どうしたらよいのかを見るのは差別することではないです。障害について知識をもたないと、どうしてよいか分からないし、声をかけては迷惑かもしれないなど気遣い悩んで、結局なにもしないままになってしまうかもしれません。ある時は、当人から「すみませんが助けてください」などの言葉があると、きっと周りの人は手助けに動くと思います。

最近聞いたラジオ番組で、視覚障害者の人が話しておられました。「以前は、目が見えんのか、と上から目線で言葉をかけられましたが、今は何かお手伝いしましょうか、と声をかけてくださる人が増えました。」最後にアナウンサーの「皆さんに言いたいことは？」の言葉に「もっと声かけをしてほしい」と言われました。「とくに初めて出かける場所にはとても緊張します。迷っている風だったら、声をかけてやってほしいです。今は視覚障害者どうしでも、スマホで情報を交換しあって、どこの角を曲がると犬の鳴き声がするなどと教えあってとても助けになるのです。」具体的な支援をといわれますが、やはり当人の言葉で知ることはいろいろあります。

障害者を表記するのに「障害者」「障がい者」「障碍者」などとあります。「碍」という漢字の意味も「さまたげ」であり、また、ひらかなにすれば偏見や差別意識をもたないとはならないでしょう。自分自身の意識の問題なのです。障害のある人を自分がどう受けとめているかです。視覚障害者のKさんが「そんな話があるのですか。字のことよりも自分としては、視覚障害者についてきちんと知ってほしいです」と言われました。社会に自分自身に納得できる表記の仕方ができるまでは「障害者」と表記していきます。どんな意味あいを含めているかを自問自答しながらです。

障害のある人

学校の事務職に就いているHさんは、生まれた時からの骨の発達不全により、下肢が正常に育たず小柄です。自家用車で通勤して、ふだんの歩行は松葉杖を使っています。

町中で松葉杖で歩いていると、すれ違う人が、じろじろ見る。あるいは顔をそむける、通り過ぎて笑う大学生たちの声。今まで自分に対する蔑みばかり耳に入ってきている。自分は人から嫌がられる存在なんだなとずっと思ってきた。バス通勤をした時、運転手から露骨に嫌な顔をされた。それでも乗車口近くの乗客が、背中のリュックを引っ張り上げてくれた。

社会の人々の様々な、無遠慮な反応を浴びて生活してきた。「みんながそんなに意地悪じゃないよ」と言っても、いえ、ほとんどの人がそうです、と言った。小学校時代は先生方も友だちもあたたかく接してくれていたし、同居の祖父母や家族にかわいがられて育ち、何も問題はなかった。しかし中学校では、露骨に嫌がられいじめられた。高校を卒業して就職し自活するようになってからも、それぞれの所で、様々な経験をしながら生活してきた。

自分は、何かにつけて人より劣っている、人に迷惑をかける存在で嫌がられている、そういう思いをずっと身に沁み込ませて成長してきました。しかし、彼女のなかの何かが彼女を屹立させて今日に至ったのも確かだろうと思います。最近、こんな話を聞きました。

勤務先の学校で、校長先生との面談での話です。

「あなたは自己評価がとても低い。仕事は、他の人と同様にとはいかないが、それなりにやっている。頑張っているのだから、もっと自分に自信をもっていい」と言われた。続いて「あなたは知らなかっただろうが」と次のような話をされた。

筋ジスの男子生徒がいた。彼は、どうせ自分の命は長くないんだと投げやりで、ずっとやる気をもたない子だった。その子が高等部になって、校内を松葉杖で歩くHさんを目にした時、生徒の一人か、他校から来た人だろうと思っていた。それが、本校の学校事務として働いている人だと、担任に教えてもらってびっくりした。そして、自分も大学に行きたいと思って猛然と勉強を始め、見事大学に合格した。あなたは、自分の気がつかないところで、誰かのためになっていたのです。

周りの人は、もっと自分に自信をもつように、言うべきことはきちんと主張するようにと励まします。本人もそうしたいと思っています。しかし、成長する過程で身に沁みついたネガティブな思考や、引っ込み思案の性格などもあって、なかなか改めにくいでしょう。

　それでもなんとかして強くならなくてはいけない、受け身ではなく少しでも積極的に生きていってほしいと思います。そして、躊躇なく「助けてください」という言葉を言えるのは、周りの人への信頼があってこそです。声を聞いた人は必ず手助けをする、そういうのが当たり前の社会でなくてはいけないのです。

　障害者への周りの人々の意識や態度、また障害者自身の資質や態度について、それぞれに課題はあるでしょう。少しでもよりよい方向にいくように、お互いのことを知る機会や交流がより多くなるところから、少しずつ前進していくと思います。

ハンセン病

「ハンセン病問題に関するシンポジウム～人権フォーラムＩＮ広島～」という催しに参加しました。東京の友人Ｔさんが教えてくれました。二〇一九年の暮れにその友人が「国立ハンセン病資料館」（東村山市青葉町）に連れて行ってくれて「ハンセン病」について初めて詳細を学んだのでした。

　シンポジウムのオープニングは県内の高校生の合唱で清々しく始まりました。司会も高校生でした。パネリストは、元患者、ハンセン病家族訴訟原告メンバー、弁護士など。初めて直接聞く話に聞き入りました。後半は「光の扉を開けて」というＨＩＶ人権ネットワーク沖縄による演劇でした。内容は、ＨＩＶに感染した高校生が悩み、ハンセン病回復者のおばあさんの来し方を聞いて、前向きに生きようとする内容でした。

にわか勉強でしかないのですが、ハンセン病の歴史について概観しておきます。

ハンセン病は、らい菌に感染することで起こる病気で、かつてはらい病といわれて、伝染、遺伝すると恐れられました。強制隔離政策により、患者は家族から離され療養所へ入所させられました。一九〇七年（明治四〇年）の法は一九五三年（昭和二八年）に「らい予防法」として改正され、一九九六年（平成八年）にようやく「らい予防法」が廃止されて、二〇〇一年（平成一三年）長年にわたる国の強制隔離政策を憲法違反とする判決がなされたのです。アメリカで開発された治療薬により、日本でも一九四七年に治療が始まり、ハンセン病は薬で治る病気となったにもかかわらず、法の規定に長く縛られました。

ハンセン病は治療法が確立し、今は特別な病気ではなくなりましたが、病気が回復しても社会復帰は難しいのです。社会に根強くある偏見や差別です。人権の回復といっても法改正だけで済む問題ではないことに気づかされます。今日では、療養所の周辺の住民や、小学生、中高校生などとの交流も行われています。それでもなお、こうしてシンポジウムなどで訴えの声が続いています。

このシンポジウムで強調されていたのは「偏見や差別のない社会を」ということでした。元患者の中には、今もなお、自分の名前や顔を社会に出せない人もいます。「新たに法が制定されて、自分も届け出て補償を受けたいと思う。しかし、それで、また、社会から差別されるのではないかとおそれる」と言われました。二〇〇一年の裁判の原告者五〇〇人のうち、自分の名前を名乗ったのは五人だけです。元ハンセン病患者であるのを理由に、宿泊を拒否したホテルの事件がありました（二〇〇三年（平成一五年）熊本）。この時に抗議した元患者のもとには、非難、中傷の電話がたくさんあったというのです。療養所の敷地内には納骨堂があります。そこには偽名のまま、故郷に帰りたくても帰れない、そういう方々の遺骨が納められています。

偏見や差別はどうして続くのでしょう。

まず正しい知識をもっていないことがあります。当時は、ハンセン病に関する正しい知識も治療薬もなかったがゆえに、伝染病、遺伝する、と隔離しました。しかしその後治療法が確立したにもかかわらず、法の改正まで国の政策は九〇年余りにわたって続けられて、社会一般の人々にそれまでの偏見や差別は根強く残ってしまったのです。いったん社会に沁み込んだ偏見や差別は容易には消えないのです。正しい知識や情報を得ようという関心をもたなければなおさらです。

また、元患者たちへの中傷があります。法改正も行われ、補償を受けるようになったのに、まだ不満を訴えるのかという、社会の一部に心無い見方をする人がいます。それは、アメリカの黒人に対する政策で、黒人は優遇されているのにもかかわらず、権利を主張しすぎるという偏見をもつ人たちがいるのと類似のことです。

ハンセン病の長い歴史からいろいろ考えさせられます。

人類は、生物として生存するために、異質な対象を避けて安全を保とうとする仕組みが備わっています。だから、異質なものにであうと、人種や性別、社会的慣習などのカテゴリーから瞬時に見分けるシステムが働きます。過去に災難などのよくない経験をしていると、その対象や他者を強く拒否する差別行動に出ます。感染病などを回避しようとするのも、同様に生き残るための行動のひとつです。新型コロナウイルス感染症拡大が収まらない中で咳込んだ人に、大丈夫ですかと心配するよりも、嫌悪し逃げたくなった自分自身を思います。後で思うと、自分自身が人に感染させるかもしれないのにでした。

異質な者を排除し、生存競争をして勝った者が生き残ってきたのです。生存競争は、生物としての人間の生活につきまとっており、体力や才能に恵まれた者が勝ち残るだけでなく、そこには「運」もある、と神谷美恵子さんは言われます。(注3) 災難に、あの人はあったのに自分はあわなかったのはなぜなのか、と疑問をもち、生存競争に勝った人は、不幸な人不運な人に負い目をもって、何かなすべきではないか、とあります。

また、人類の歴史は病気とともにありました。

日本の古代では、光明皇后が興福寺に悲田院を設置して、貧しい人や病んでいる人たちを救いました。今でいうハンセン病の人たちも多くいました。苦しんでいる人をなんとかしたいと動くのは、お金があるなしの問題ではないと思わされます。

宗教は、病気で苦しむ人に、愛の手を差し伸べています。どんな状況の人も差別しないで助けて、そのなかで治癒の奇跡もいわれたりします。よく知られているマザー・テレサも、キリストの無償の愛を実行した人です。宗教や社会的地位などかかわりなく、助けを必要とする人の間を歩き回りました。偏見も差別も全くなく、ひたすら行動する姿です。

かつてウイーンのカトリック教会で、現地在住の友人に通訳してもらいながら神父さんの説教を聞きました。少女がマリア様に出会って発見された泉の水によって、不治といわれた病が治癒したという話でした。聖書にある奇跡の話かと思ったら、フランス西部のルルドにある泉の話で、そこへの巡礼は今日も続いているそうです。他にも聖書にはらい病（ハンセン病）が治った話も多々あります。

新聞のコラムで、一〇月は「てんかん月間」ということを知りました。(注4) てんかんに関して正しい情報が人々に届いておらず、誤解から不安が生まれ、偏見の原因となってしまいます。そして、本人自身の自覚も必要とありました。二〇〇二年の法改正で、てんかんであっても適切な治療を受けて運転免許取得も可能となり、社会参加の道が広がりました。二〇一二年に運転手の仕事をしているてんかん治療中の人が交通事故を起こして、社会からはてんかんだから事故を起こしたと強く非難されたのです。しかし、事故当時、運転手は正しい治療法を守っていなかったという、個人としての責任も大きいと同協会では厳しく受けとめられたそうです。

さきに、障害のある人自身は強くならなくてはいけないといいました。でも、強くならなくてはいけないのは、障害の有無にかかわらず、人は誰も同様だと思います。偏見や不安をもつのは心の弱さからきます。そのために正しい知識をもって、自分中心ではなく広く考えて判断して行動する能力が必要です。そういう能力を培うのは、学校教育だからできると思います。

家庭では感情的なものが強く働きがちですが、学校は科学的な知識を計画的に教えていきます。また多様な他者への理解や人間関係なども、学校生活でこそ広く学べるのだと思います。

人権の問題

友人がひどく憤慨していました。「マイナンバーカードを紛失したので役所に出向き、状況を思い出しつつ説明した。窓口の担当者はしばらく聞いていたけれど、急に隣のカミさんに向かって話を進めていった。オレをバカにして！」。そりゃあ、流暢に話せない認知症の年寄りだと思われたんだと笑いました。

似たような話があります。車椅子のMさんが銀行の窓口に行った時、担当者は彼女にではなく介助者に話をされたというのでした。公共的な機関では、不自由な人への親切な対応を心がけています。しかしそれが、見た目での弱者を知的能力も低いと受けとめる偏見となっていたようです。それはまた、当人の主体性やできることを阻害してしまいます。年寄りは年寄りなりに生活経験を積み重ねた能力をもっているし、車椅子の障害者もできることは多々あります。人はそれぞれの能力を発揮して社会生活をしているのです。

「障害があるのにもかかわらず」としばしば表現されます。もちろん障害のある人は様々な努力をして障害を乗り越えて、能力を発揮しています。そこには、障害者は努力して諸々克服していくものという見方があります。重度の障害者が何もできないのを努力しないとみて、ただ生きているだけで価値がない人間であると見做した、二〇一六年の相模原障害者施設殺傷事件の加害者の誤った考え方、偏見がありました。

「人は平等である」「差別はいけない」といった社会的規範は人々に浸透してきました。しかし社会には、社会的少数者といわれる、障害者、外国人労働者とその家族、難民、性的少数者、感染症などの罹患者、あるいは東日本大震災の原発事故被災者のように、多種多様な偏見や差別の対象となる問題が多く存在しています。

「差別するつもりは全くない」「つい何気無く」などと人は言います。しかし「差別するつもりはなかった」と言っても、差別の意識が根底にあるからだといわれます。今日では主観的な意図があるかどうかは関係なく、客観的に見て表現の内容に差別性があると認められれば、それは人権侵害であると認められるようになりました。しかし、差別的表現であるのを禁句として言いかえをして、それで差別がなくなるという問題ではないです。

どんな人も、人が人として尊重される、お互いに尊重しあう社会の実現、そういう理想にはほど遠い現実があります。その根源には社会に根付いた誤解、為政者からのプロパガンダ、異質なものへの恐怖、保身意識などがあることは、これまで見てきたとおりです。しかし、子どもは生得的に偏見や差別を超えるための潜在的能力をもっていると思われます。加えて学校教育による科学的知識と社会正義を身につけて行動していくと、それが社会に還元されて悪しき伝承を断ち切っていく力になることでしょう。

（注１）財団法人解放教育研究所「にんげん編集委員会」『にんげん５年』明治図書　1987
（注２）北村英哉・唐沢穣編『偏見や差別はなぜ起こる？――心理メカニズムの解明と現象の分析』ちとせプレス　2019
（注３）神谷美恵子『人間をみつめて』河出書房新社　2014
（注４）田所裕二『知られていない「てんかん」差別恐れ隠す人も』日本経済新聞コラム　2020.10.25　または「日本てんかん協会」(https://www.jea-net.jp) 参照

コミュニケーション

一校時の始まりに「ちょっとFに時間をいただけますか？」と電話がありました。ほどなくしてFくんが担任のN先生に背中を押されて前のめりになりながら校長室に入ってきました。ソファーに座った彼を残して先生は出て行かれました。黙ったまま仕事の続きを二、三分して区切りのついたところで、彼の隣に腰を下ろしました。

「知っとる？」と彼。「うん、一年生のお母さんから電話があったから、どうしたのかなあと思ってた」「学校に来るとき、なぞなぞを言いあいながら登校したの。そしたら、Yちゃんがボクの名前の改造したのを言ったから、ぼく、おこってYちゃんの足を突こうと思ったら、手が一年のAちゃんの脇に当たったの。Aちゃんはたたいたとゆって泣いた。やろうと思ったんじゃないよ！ほんとだよ！小さい子に暴力は絶対いけないから」「そう、お話の筋がちゃんと分かったよ。Fくんもよくよく分かってる子だと分かったよ」。一校時終わりのチャイムが鳴って先生が来られました。「きちんと話したか？」「ハイ」「校長先生にお礼を言いなさい」「話を聞いてくれてありがとうございました」Fくんは先生に肩を抱かれて行きました。

三年生のFくんは自己中心性が抜けず、友だちとの間でもたびたび衝突が生じている子です。

登校するのはたいてい低学年の子たちと一緒です。まだ彼にとって通じあえるのは、年下の子なのです。一年生のAちゃんは泣いてお母さんに電話しました。N先生が訳を聞こうとしても「ぼくは悪いことしていない！」と猛反発したのでしょう。思いもよらずAちゃんに泣かれて焦ったでしょう。もともと悪いのは名前を改造したYちゃんだと言いたかったのに言葉にならず、自分は悪くないと叫ぶしかなかったのでしょう。時間がたって冷静になれば、筋道の通った話ができました。自分の正当性を訴えることもできました。N先生流のFくんへのコミュニケーションの指導でした。

この件でまず対処しなければならないのは、理由なく叩かれて泣いたAちゃんへの謝罪です。さらにAちゃんの母親にも納得してもらえるようにしなくてはなりません。自分と相手との関係を修復しなければ、明日からの登校の人間関係もギクシャクしてしまいます。そのために、彼自身が自分のしたことを冷静に振り返る必要がありました。事の経緯を他者に説明できて、コミュニケーションが始まります。

人は人とかかわらなければ生きていけません。自己と他者とのかかわり、関係をつくるのがコミュニケーションです。

学校教育でコミュニケーション能力を育てる必要性は以前からいわれています。それは、表現力として、伝えるための技法の面が主体となっているようです。表現力は、順序だてて理論的に、その前には何を伝えたいかという考えや意思も必要です。子どもたちの学校生活では、感情が先に立ってコミュニケーションの不全状態も生じます。理性的になるというのは感情を抑え込むことではありません。感情があって理性が働くのですから。

学校は、みんなで心地よい集団をつくり、かかわりあって学び合うところです。そのためにいろいろな時や場でコミュニケーションの教育が行われています。コミュニケーションの根底にはどのようなものが必要なのでしょうか。子どもたちの具体的な様相から考えていきたいと思います。

お礼の手紙

一年生が地域のお年寄りに昔の遊びを教えてもらいました。そのお礼の手紙の下書きが廊下に掲示してありました。文の最後に先生の赤ペンの記述があります。

「おとしよりのひとたちへ。あのときできなかったのが、やっとできるようになりました。ありがとうございました。」――なにがやっとできるようになったのでしょう。

「まえは、おてだまをおしえてくださってどうもありがとうございました。おかげでおてだまがかんたんにできるようになりました。こんどからもよろしくおねがいします。」――もっともっと、れんしゅうしてくださいね。

「いっぱいあそんでたのしかったよ。いっぱいあそんでくれてありがとう。」――どんなことをしてあそびましたか。

楽しい遊びを教えてもらったお礼の気もちを伝えるという表現活動です。手紙形式は子どもにとっては、相手が分かり、自分の思いも明確になって書きやすいです。お世話になった人へのお礼の手紙は、人間関係の礼儀のひとつです。習った字を正しく、丁寧に、何が言いたいのか分かる文章を書くなどは、この手紙を読んでもらう相手を思ってのことです。そして、伝えたいのは自分の思いです。そういう諸々の指導が手紙の下書きへの赤ペンに込められています。

コミュニケーションのほとんどが言葉で行われます。動作や表情などの非言語も含まれています。手紙の筆遣いからも非言語のコミュニケーションが伝わってきます。相手と対話しながら書いている文章です。先生の赤ペンも、その子と対話をしています。

言葉の文化の継承はコミュニケーションの素地となるものです。国語の学習でひとつの語をめぐって、前後の文章や行間にこもっているもの、また作者の考えなどを様々に想像して、言葉のもつ意味を考えます。想像するのは、経験を引っ張り出して言葉にすることです。言葉に表現できると体験した時のモヤモヤとした感情が明瞭に形づけられます。子どもに様々な体験が下地にあると言葉の技能も広くなるでしょう。

伝統的な言葉の文化をより豊かなものにして、次の世代に渡していくのが学校教育の役割です。

バナナの皮

給食時間の終わり頃一年生の教室を見て回りました。教室に入ると突然Aさんが泣きだして、隣のBさんが「バナナも食べないって」と困り顔で教えてくれました。担任の先生が席に来られたので教室を後にしました。下校の時にAさんに出会ったので「バナナ、きらいだったの？」と尋ねると「バナナの皮、自分でむきたかった」と言いました。「今度バナナが出た時は、今日の分もらって食べようね」と言うと小さく笑って帰って行きました。

給食をゆっくり食べるAさんに、Bさんは親切に皮をむいてあげた、と後で担任の先生から聞きました。Bさんはいつもゆっくり食べるAさんを知っているから、今日も遅くならないようにと、サポートしてあげたのです。友だちを助けてあげる思いやりです。相手を思いやるのは、コミュニケーションの大事な要件です。しかし、思いやるのが相手の立場に立ってではなく、自分の立場からの思いやりは一方的な押し付けで、行き違いが生じます。コミュニケーションは友だちとなかよくするためです。友だちに伝え、相手からも応じてもらって、お互いに通じ影響しあう関係性が続きます。それは、共に生活していくためのコミュニケーションです。

同じく一年生の給食の出来事を、社会人になったCさんから聞きました。

給食のシチューをパンでぬぐって食べていると、周りの子たちが「汚い」などとはやし立てた。翌日の朝の会に担任の先生が話をされた。「給食室では、食器がきれいに返されると、とてもうれしいと言われました。ああ、全部食べてくれたんだな、おいしいと食べたんだなとうれしいです、そう話しておられました。」

Cさんにとっては、家で教えられている当たり前の食事のマナーでした。他の子にも、それぞれの家庭でしつけられた食事の作法、マナーがあります。食事の作法はよいか悪いかではなく作法の違いがあります。それが様式、型として子どもの身について表れます。

はやし立てられたCさんは戸惑い泣いたでしょう。「そんなことを言ってはいけません」と即座に注意するのは簡単です。それを、感情の冷却時間をおいて、しかも給食室で調理する人の言葉を紹介して話をされました。担任のN先生は、子どもたちに食生活の文化を見る目を広げるという、意味深い指導をされたと思います。

コミュニケーションは言葉の応答のみならず、人間関係の様々な分野にかかわっているのに気づかされます。

子どもに声をかける

「Tちゃん。この子には、頑張れと言ってやればいいのか、よくやったね、がいいのか、見ていてあげるね、がよいのか。子どもを知らなければ声がかけられない」一年生の補教時のメモです。

子どもに声をかけるのは、戸惑っているのを助ける、あるいはよい所を誉めて意欲づける、活動を促してやるためになどいろいろな理由があります。担任はひとりひとりを見取っているから、それぞれの子に対応した言葉がけができます。その子を知らないままに声をかけたのでは、表面的になって響かないでしょう。響かないだけでなく、場合によってはその子の尊厳を損なってしまうかもしれないです。

視写をしている一年生を見て回りながら「いい字を書いてるねえ」と声をかけました。教科書字体のうまい字ではなく、鉛筆を握った手に力が入っているのが目に入ったのです。Eくんは顔を上げてにっと笑いました。そこに向こうから「Eくん、字がきたないって、いつも先生に怒られてるんだよ」という声。とっさに「今はいい字！」と返しました。否定した子にとっては私の誉め言葉がおべっかと聞こえたのかもしれません。「そんなことを言うものではない」と注意すると、事実を言ったのに叱責になってしまいます。そういうやり取りをクラスの他の子たちも耳にしています。教室の先生対子どものコミュニケーションは一対一であり、さらに一対多でもあります。子どもへの言葉かけは教師の独りよがりではいけないのを思います。

先生の意図した言葉によって子どもが学習への意欲をもつのは、両者の間にコミュニケーションが成立したからです。円滑なコミュニケーションが行われるためには、言葉を発する側は、受けとめ手をおもんばかるのが大事です。たとえ初対面であっても、受け手側の状況をいろいろ想像して受け取ってもらえるように言葉を発しなければなりません。

様々な言葉の表現によってコミュニケーションが図られています。こうした言葉のやり取りが交わせるのは、教師が子どもを理解しているからでしょう。子ども理解というのは、あの子はどうだ、と分かるだけではなく、それをどう活用するかです。どういう場面でそうするか、何もしないままがいい場合もあるでしょう。教室のコミュニケーションがスムーズに効果的に交わされるように、教師は子ども理解に努めているのを思います。

同じく、補教の二年生の教室でのことです。みんなが国語の視写をしているのを、教卓のところに立って見ていると、Kくんがそばにきて、下敷きであおってくれました。思わず「ああいい気もち」と言うと、こんどは「N先生の椅子だよ」と担任の先生の椅子を押してきてくれました。ああ、聞いていたKくんはこんなふうに新しい何かに気を遣って、なかなか取りかかれない子なんだなと思いました。「見て！」とノートを持ってきたので「一〇時になったら、みんなにお話をしたいから教えてくれる？それまでは頑張って自分のお勉強をしてね」と言うとうなずいて席に着きました。しばらくたって「短い針が一〇になったよ」と言ってきました。言われた言葉を彼は受けとめて、視写をし、一〇時になったと教えてくれました。彼とのコミュニケーションは正しく通じあいました。しかし、もしかしたら彼に時計をずっと気にさせてしまったのかもしれません。やはり子どもを知らなければ、適切な言葉かけはできにくいものだと思いました。

朝礼台

晴れ渡った青空の下で、運動場で行われた二学期の始業式。朝礼台に立って全校児童に語りかけました。

「みなさん、空を見上げましょう。」二〇秒くらい数えて「ハイ、こちらを向いてください。今朝のこの青い空を心に収めて、新しい学期を始めましょう。」

それだけで降壇しました。後で評を聞くと、先生方子どもたちとも、おおむねよかったようでした。もっときちんとした話を聞きたかったというのもあったそうです。この話は、昔、お茶の水女子大学教授の森隆夫先生に教えていただきました。いつか一度やってみたいと思っていました。真っ青な空、澄み切った空気、始業式、諸々がまたとない雰囲気を醸し出しました。たった一度しかできない、印象的な朝礼台の話でした。

受けとめる感性はひとりひとり異なります。青い空をどのように感じるか、新学期への思いをどのように抱くのかもそれぞれです。それでも、全校児童ひとりひとりとの通いあいが共有されるコミュニケーションをしたいものだと思います。

言葉を尽くさなくても、瞬時につながるコミュニケーションもあります。他者、自然、出来事などに対してどのように思うかは、感性です。正しい感じ方、間違った感じ方などはありません。自分が感じる、それ自体に意味があります。豊かな感性がコミュニケーションにも作用していくのを思います。

イタリアンレストラン

Cさんが勤めている平和公園近くのイタリアンレストランに行きました。お昼の遅い時間帯で、先客はすでに帰られた後だったので、食事をしながらいろいろ話ができました。

このレストランの設立時から三年、ずっと勤めている。料理について、お客さんにうまく説明できないと、こんなことも知らないの、と言われた。外国人はとてもフレンドリー。料理を運ぶと「ビューティフル！」「あなたの英語はすてきだ。頑張って」などと言ってくれる。ある日本人の客が、はじめ不機嫌な顔だった。自分が何かよくないことをしたのではないかと気をもんだが、次の週も来られてにこやかだったので安心した。家に帰って、その日の接客についてノートに書いて反省している。

でも、今でも人と接するのは苦手ですと笑って言いました。

グラスワインを所望したとき「私のお勧めは…」と説明がありました。「このセリフ、いいなあ。ぐっと親しみがもてる。料理にもあなたにもね。」終わりにパンが残ったのでワインをもう一杯頼むと、最初とは別のワインを勧められました。食事が終わりなのにこんな頼み方をするのはマナー違反ではないかと尋ねると「外国の方は、パスタの残りのソースでパンを食べたいなどと言われます。好きなようにおいしく食べてほしいです」という答えでした。

今日の社会は産業構造が変わり、第三次産業のサービス業が大きくなっています。レストランは、料理、店の環境、雰囲気などと共に、接客業としてのサービスも重要です。笑顔、声、身ぶりなど様々な感情を伴った心遣いでサービスをする仕事には、コミュニケーションの能力が必要でしょう。一般客や観光など不特定の多様な客に、それぞれに料理を味わい、喜んでもらえるようにしなければならないのです。マニュアル通りにはいきません。そこには適度な距離感や、自然なふるまいも必要で､接客をする言葉や態度に表れてきます｡その人の人間性というものでしょう。マニュアル通りにはいかないというのは、ぶつかってみないと分からないということです。とにかくあたっていくしかないのです｡自分のやり方を工夫し試すという、やりがいもあります。その中での手応えが、コミュニケーションの力となるのだろうと思います。仕事をしながら自身の内面も鍛えられていき、知らず知らず内面がにじみでてくるのが、人間性だろうと思います。

Cさんとあれこれ話ができたのは、彼女の小学校時代とかかわりがあったからです。時折校長室に遊びに来て絵を描いてくれました。担任のような親密な関係ではなかったけれど、こうして今、コミュニケーションができたのは、かつての小さなかかわりが下地となっています。教師という仕事の続き、人間関係のつながりを思わされます。

布マスク

夕方、郵便受けを見ると、手紙がありました。

「校長先生へ　　　色々ありグループホームから出ました。今コロナで大変ですけど、校長先生も体には気をつけて下さい♡　マスクはウチが行っている所で作っている物です」。布製のプリーツマスクが入っていました。「マスクゴム入手困難な為、別の商品で対応させていただきます。ご了承ください」という事業所のメモがついていました。

二〇代半ばのNさんは福祉の作業所で働いており、封筒やストラップなどの手作り品で、わずかながらも賃金をもらって自立した生活をしていました。このたび再婚した母と同居することになり、新しい姓と住所が書いてありました。新型コロナウイルス感染症の緊急事態宣言が全国を対象に延期されようとしている頃。玄関のチャイムを鳴らさないで、郵便受けに手紙を入れてくれたNさんでした。赤青緑の色とりどりのハート模様の布マスクの紐を結んで着けて、繰り返し手紙を読みました。

彼女は特別支援学校の高等部を卒業しました。時折家に会いに来てくれていました。現役を終えた私がだんだんと年を重ねていくのも見届けていてくれているはずです。新型コロナウイルスに感染しないでね、という彼女の気遣いが声となって聞こえてくるようでした。それは言霊としての響きでした。

なかよし

八〇代半ばになられる恩師と食事をしました。話の中で、先生の親友K先生の消息を尋ねました。どうしているかと気にはしているが最近の様子は知らないと言われました。「まあ、なかよしなのにですか？」と驚くと「なかよしだから、電話しない」と答えられました。その時は、話を転じたのですが、その言葉が心に残りました。

人生百年時代とはいえ、八〇歳を過ぎると多かれ少なかれ、体のどこかここかに支障はでてくるものです。K先生はいつもの集まりに出てこられなくなって久しく、足の調子がよくないというのも伝わっています。その様子をもっとも案じているのは親友。様子を問いたい。しかし、それは自分がそれなりに元気でいるのを誇示することになってしまうのでしょうか。なんとも深い思いのこもった「なかよしだから、電話しない」というH先生の言葉でした。

二人の間のコミュニケーションは、今は途絶えてしまっています。それでも、お互いの間には、親友だからこその暗黙のコミュニケーションが通いあっておいでなのを感じます。小学校の校長として、また小学校社会科教育の研究を進める後輩たちを育てるために共に歩んでこられました。現役の時はもちろん、退職後も現場の若い先生方を応援しようとOBの会も立ち上げられました。「友あり遠方より来る」は、なによりもうれしくたのしいひとときです。今、お二人は魂で通いあっておられるのだろうと思いました。

今日の社会は、ITのめざましい開発もあり、想像しがたいような速さと広がりで動いています。グローバル社会でのコミュニケーションの大事さもいわれます。しかし、かつての近隣社会で多くを語らなくてもお互いが分かりあい、つながりあっていたような時代でも、コミュニケーションの大事さはいわれていました。今日では、その質的なものは変容しています。そして、社会人になってからコミュニケーション能力を培うのではなく、小学校時代から能力を育成するように、思考力や表現力などを育てる教育に力が入れられてきました。

多様な人たちと共に生きていくグローバルな社会です。異質な他者とかかわりつながっていく素地には、幅広い知識とともに他者への思いやりや感性が必要です。その育成は、教師対子どもの人間関係の様々な場でなされるのを、改めて思います。

話を聞くこと

入学式場の椅子に、少し緊張の面もちで座っている新一年生。校長先生が「みなさん、入学おめでとうございます」と言われました。すると一年生たちは、ちょっと隣の子と顔を見あわせながら「ありがとうございます」と答えました。始まりはばらばらっとでしたが「ございます」の所でみんなの声がそろって大きくなりました。保護者や来賓席から笑い声が出て、和やかな空気が膨らみました。

一年生たちは幼稚園や保育園で卒園式を経験したと思います。園長先生は園児たちにタイミングを計りながら「卒園おめでとうございます」と言われて、みんなは一斉に応じる練習もしたでしょう。入学式は初対面の校長先生との応答です。それに他の地域からも入学してきたみんなは、いっしょに合わせて言うのは難しかったでしょう。それでも「ありがとうございます」とちゃんと返せたのは、応答するのを身につけていたからです。

ずいぶん昔に、ドイツのフランクフルトの公立小学校の一年生の入学式を参観しました。体育館のような場所の前の方に、一年生二〇名くらいが横一列に椅子に座っていました。そのすぐ後ろに両親が立っていました。ややあって、恰幅のいい女性校長先生が子どもたちの前に立たれて、パンパンと手を打たれました。それまでざわざわしていたのが静かになり、校長先生は話し始められました。すると子どもたちがあちこちから「ヤア！」と、一斉にではなく、それぞれの子がそれぞれに「はい！」と答えていたのです。校長先生のお話は五分もなく終わり、その場を去って行かれました。子どもたちは両親の所へ行って、それで入学式は終わりでした。

隣りの国オーストリア、ウイーンの現在の入学式はどのようなのだろうかと、当地で結婚して住んでいるFさんにメールで尋ねると、写真付きで教えてくださいました。

ひとり娘の入学式、卒業式というのは小学校中学校ともなくて、講堂でクラス分けや注意事項など事務的な説明を受けて、その後両親と子どもはクラスに入って、担任の先生の話を聞いた。ひとりずつ先生の所に行って、自分の名前の書いてある物を取るなどをして終了。

子どもたちはみんなテューテという、円錐形のとんがり帽子を逆さにしたような物を抱きかかえて学校に来た。中にはノートなどの文具やお菓子が入っている。両親や親戚の人などからお祝いにもらったもので、開けるのは家に帰ってから。

八月のデパートで、いろいろな模様のテューテが売られていたのを目にしたことがあります。子どもたちは一年生になるのをとても楽しみにしていたでしょう。

新一年生の、校長先生や担任の先生の言葉への応じ方は、国によって異なりますが、初対面の他者の話を聞くことから学校生活が始まるというのは、同じです。

考えてみると「聞く」というのは人間の始まりもそうだと気づきます。胎児の聴覚は妊娠二四週頃になれば働き始めるとあります。(注1)母親の身体の中で血流や心臓の音などを全身で聞きとめて育っていきます。そして、誕生した赤ちゃんは、相手の話す声から必要な音の聞き分けができるようになっていくそうです。

学校教育も「聞く」のは基本の学習です。聞くという意味や内容について考えてみたいと思います。

三年生の始まり

初めて三年生の担任になった三〇歳代のS先生がぼやいていました。新しい学級のスタートに当たって、お互いに知り合って、なかよしになろうと話した。まず、自己紹介のための自分の顔を描くように、と画用紙を配り「さあ、始めて」と言った。そこへ一人の子が前に来て「先生、何かくんですか?」「あのね、この画用紙に自分の顔を描いてください」するとまた別の子がやって来て「先生、何するんですか?」説明し終わるとまた次の子が来た。「自分の顔を描くの!」ってだんだんと言葉がきつくなる。次々と席を立って来るので「もう来るなっ!自分でやれっ!」ついに叫んでしまったのだそうです。

子どもたちの中には、話を聞いていなかった子もいるでしょう。初めての男性の先生なので、言葉や声になじみがなくて、聞き取れなかったのかもしれません。また、友だちが先生の所に聞きに行くのを目にして、自分も不安になったのかもしれないし、あるいは、友だちが先生と直接話をするのを見て羨ましくなったのかもしれないです。それでも、子どもが新しい担任の先生の話を聞き、言葉を理解して行動するのは、時間が経つうちに可能になります。先生とかかわりながら次第に身につけていきます。

転勤して担任した五年生でも同様のことがありました。用紙を配って、自分の長所・短所、趣味などや先生へのお願いを書くように言いました。お願いがなかったら、ないと書くように付け加えました。ほとんどの子が書き始めたところに「先生、何するん？」と男子が来た。またもう一人。「席を立たないで、質問のある人は手を上げなさい」と言うと三、四人が挙手。好きなものを書いてもいいのか、お願いは何でも書いていいのか、という質問でした。五年生は、先生がどのように対応してくれるのかを試したのかもしれません。対応の仕方はこれから始まる子どもたちとの人間関係にかかわります。新しい先生はどんな先生かなという彼らの期待に添いつつ、聞く態度を育てていかねばなりません。聞くというのは、人間関係という社会性も育みながら習得させていく行為です。

発達段階に応じた先生と子どもの人間関係があります。子どもが先生のことを好き、と思ったら「聞きなさい」と促されなくても自ら聞こうとするでしょう。逆の場合には全く聞く耳をもたない状況になってしまいます。それでも、中学年くらいまでの子どもはまだ、形式的にでも指導された通りにしようと、努めてくれるものです。

教師は日々「聞きましょう」という言葉を発しています。そこには、注意を促す、答えを求めるなど様々な意味が込められています。

半ば無意識のうちに、教師と子どもの双方に了解されているのかもしれません。

ハイ、他に？

ある研究会の授業を参観しました。

導入部で、一枚の写真が提示されて「なんでも気づいたことを言ってください」と先生は言われました。子どもたちは次々と挙手して「○○と思います」「○○があります」「多分○○かなあと思います」などと発言しました。「ハイ、他に？」と先生はみんなを見回して次の発問をされました。そうして展開部で、本時の課題に迫る話し合いの場面。ここでも子どもたちは挙手しては次々に発言をしました。そして先生は「ハイ、他に？」と言われました。一瞬静かになった教室に「センセイ！ヒント！ヒント言って！」とひとりの声が上がりました。参観者から笑いが起きました。身に覚えのあるような共感的な笑い声でした。

「ハイ、他に？」という言葉は、子どもたちに発言を促しています。できるだけたくさんの子どもたちに意見を言わせようとしての促しです。それは、導入部の自由発言ではよいでしょう。しかし展開部は核心に近づいていくところです。子どもに発言させっぱなしにしないで、先生は「あ、今の発言はいいね。もう一度言って」とみんなの注意を促す。「すごいねえ、そんなことを考えたんだ。似た考えだよという人は?」などと子どもの発言を核心に注視させていきます。それらは、先生はもちろんよく理解しています。だから「ハイ、他に?」は無意識に言っているのかもしれないです。意外としばしば耳にするように思います。

しかし、問題なのは、子どもの「ヒント言って!」という言葉です。子どもたちは、先生は答えをもっていて、自分たちはそれに合う言葉を探している、と解しているようです。思考を促すための発問のあり方などは、授業後の協議会で検討されることとして、ここでは、話し合いの場の先生と子どもたちとの関係について考えてみたいと思います。

子どもたちは「先生は答えをもっている」とみています。あらかじめ答えがあるのではクイズと同じで、話を深める知的探究にはなりません。子どもたちの多様な発言を促すのは、多方面から見た考えを交わして、考えを深めたり広げたりするためです。それが話し合う意味です。

発言するのは自分の考えをさらけだすことです。だから一所懸命に考えて言おうとします。それに対して答えをしっかりもって対応している先生は、自分を隠しているのと同じです。「話す・聞く」という関係は、お互いが心をひらいて、自分の考えを言い交わすのです。片方が閉ざしたままで相手にだけ言わせるのは、一方通行で通いあいになりません。相手に尋ねるだけでなく、自分の考えを言って相手からの話を引き出すのです。例えば、いじめについての話題の場合「いじめにあったことがありますか」と聞きたいときに「自分はこういういじめにあったことがあるけれど、あなたはどうですか」と尋ねるとどんな言葉が返ってくるでしょうか。「自分はこう思うけれど、あなたはどう思う？」と自分の考えをさらけ出して言うのです。双方が本音を語るのは、対等に向かいあう姿勢でもあります。そして相手の言葉に関心を寄せて聞こうとする態度が大事でしょう。子どもの言葉を好奇心をもって聞くためには、どのようにすればいいのだろうかと思います。

落語

落語家の柳家権太楼さんがまくらで話されました。

高校生に古典芸能の学習ということで出前落語にでかけました。ホールのような会場に一〇〇〇人くらいの高校生。もう、ざわざわざわざわ…。落語なんて興味をもたない高校生が「聞け！」というような感じで集められたんじゃ、全く面白くないですよ。殊に古典落語は「え〜」から始まります。「え〜…昔から、疝気は男の苦しむところ悋気は女の慎むところと言われておりますが」とたんに彼らは「やだあ〜」「日本語じゃねえよ」。もうそりゃあ、なんでしたよ。落語というのはみなさんとあたしとが、一対一の芸なんです。みなさんひとりひとりとあたしとが、ひとりひとりと、こうつながっていて、おもしろいんです。

伝統文化の話芸を楽しむ条件には対人関係もあります。話し手と聞き手とが一対一でつながって成り立つ芸の落語です。その一対一がつながるための前提が「まくら」です。天気やニュースなどの話をして、その反応から客の状況を判断しつつ、話を進めていかれます。ある時ラジオで聞いた時に何か物足りなさを感じました。番組の最後に、これは放送局で録音したものだと言われて、納得しました。噺家の話がうまいだけでなく、客の笑い声や拍手などの反応があっての落語だと実感しました。「話す・聞く」が一体となって話が面白く展開していきます。

教師三年目に三年生の担任になりました。その時、四〇歳代の女性のM先生がご自身の経験を話してくださいました。

三年生は低学年とは違って、自己主張もして自分たちでやろうと意欲をもつ年代。それまで低学年の担任ばかりだったせいか、かなりてこずった。指示を聞いてくれなくて、いくら注意してもザワザワは収まらず、全校朝会でも目立って主任の先生から注意された。教壇に立って「どうして先生の言うことが聞けないのかねえ」と言うと、思わず涙がでてきた。涙が頬を伝うままみんなの顔を見ていた。シュンとして自分を見ている顔に、ああみんないい子なんだなあ、と思うとまた涙があふれた。その後、何かの勉強の時に「ねえ、みんな何したい?」と聞くとあれこれ答えて、面白いことを言うなあと驚いた。そして、今まで必死で引っ張って教えようとばかりしていた自分に気がついた。

教えるという立場からではなく、素直に子どもに尋ねて言葉を聞いて、双方の通いあいができたことを教えてくださいました。

「聞く」という漢字の初形が「聴」であり神の啓示を聞く形だと、白川静『字統』にあります。「聴」は神の声を聞く人です。神に語りかけて声を聞き、その意味を聡るという行為は、自分の力の及ばないことを謙虚に聞き取ろうとしています。先輩のM先生の話に重なりました。

アメリカンスクール

アメリカンスクールでの出来事をTくんから聞きました。彼は父親の転勤に伴われて、六年生の九月に、英語も何も分からないままに、いきなりウイーンのアメリカンスクールに入ったそうです。

転入当日、カフェテリアのような広い所に全校集会のように全員が集まった。そこに行くと、リンゴを食べている子、床に寝そべっている子、向かいあわせになって喋っている子など、めいめいが座って勝手にしている。なんとも雑然としている様子に驚いた。やがて校長先生が前に立たれて話し始められた。すると、笑い声が上がり、ヒューと言ったり、拍手するなどとそれぞれが反応していた。後ろ向き、寝そべるなどの態度はそのままに、校長先生の話を聞き、応じて、コミュニケーションしているのだった。こいつらには何をやっても勝てないな、とその時強く思った。もうひとつ校長先生のことで印象に残っているのは、校外学習で、現地に着いたスクールバスから降りる子どもたちひとりひとりに、校長先生が「グッモーニング」と握手された。

校長先生の話が上手だというのはもちろんです。その前提には、子どもたちとの人間関係があります。校長先生と子どもたちとの個対個の関係が、しっかりとあたたかくつながっているのを感じさせられました。

アメリカ人は、とても気さくに周りにいる人に話しかけてくる、フレンドリーであるなどといわれます。アメリカ社会は言葉や宗教などの異なる多民族が混住しています。初対面の見知らぬ他者に積極的に声をかけて、相手を知ろうとしています。相手がどういう言葉で話すのか、どこから来たのかなどを知ろうという態度です。見知らぬ人と黙ったままで隣りあわせになっていると、不安になってしまいます。まず「ハァ〜イ」と笑顔を向けるのも、私は悪人ではないですよ、と相手に伝えています。相手の警戒心を解いて言葉を引き出そうとするふるまいです。相手のことを知ってそばにいても安心かどうかを判断しています。

また日本人は、人間関係というと親密になるのを意識しがちですが、外国の人の付きあいはそういう精神的なむすびつきを前提としていないようです。場所や時間の限定的な場を共有して交流しようとする態度です。それが発展して友だちとして、家族ぐるみなどという付きあいにもなるのです。人との付きあい方、社交が上手だなあと思います。社交は人間関係を円滑にするのに必要なものです。親しくなるかどうかは別のことです。言葉を交わして「話す・聞く」で通じあって、お互いの考えや人となりに共感して人間関係も深まります。国によって「話す・聞く」作法の文化は異なっても、他者と人間関係をつくっていく、社会生活をする人としてのあり方という根底は同じだと思います。

話す・聞く

これまで主に聞くことに焦点を当ててみてきましたが、本来「聞く」と「話す」とは一体のものです。

話を聞き取るのは、話し手の言葉が分かるというのが前提です。聞くための知識が必要です。そして話し手は聞き手の知識に合わせた話し方をしなくてはいけません。それが一年生には一年生へのといった、発達段階に応じた話し方があるということです。

聞き手が話を理解するというのは、情報を聴覚で聞いて、脳の中にもっている情報と組み合わせて、理解するのです。そして、理解したかどうかは応答してみないと分かりません。聞き手から話し手に返されて、伝わったかどうかが分かります。「話す・聞く」というのは、話し手と聞き手の関係であり、また個人の働きでもあります。また、聞く態度は話をする人の能力を引き出していきます。うなずく、笑う、返事をするなどは、話をする人への影響があるのです。

話し手の、聞いてもらうための心構えも大事です。テレビのキャスターがオレンジ色のスーツ姿で登場する、政治家が勝負服やネクタイなどでインパクトの効果を狙って、聞き手を惹きつけようとしています。月曜日や水曜日には子どもたちの目覚ましのための仕掛けを考えている、というアメリカの教師の話も聞きました。

また、話し言葉に伴う非言語の表す意味について、話し手と聞き手との双方が納得理解している下地も必要でしょう。言葉が交わされる文化を様々に教えるのが学校教育だと思います。

社会生活の場で

ブラインドサッカーの写真を新聞で目にしました。アイマスクをした選手四、五人が身構えている様子です。ボールの中の鈴の音を聞くというのは、精神を集中させて全身で聞き取ることだと気づかされました。

地下鉄トンネルの保守整備の記事がありました（日経2014.1.25）。地下鉄の運行が止まっている深夜の検査作業です。コンクリートの壁をカナヅチで叩いて、その響く音を聞き分けます。コンクリートは一〇〇年以上もつといわれるが、地中からしみ出す水があると、コンクリートをいため鉄筋がさびるなど老朽化の原因となります。この打音検査で音を聞き分ける作業の背後にあるのは、地下鉄の電車の乗客の安全にかかわる仕事である、という使命感だと思います。

ヘルプマークを見かけました。障害のある人や妊娠初期の人など、外見からは分からないけれど、援助や配慮を必要としている人がいます。バスや電車で、リュックやハンドバックに下げられているのをときに目にします。言葉で発せられなくても、この標識によって必要な事柄を見取ることができて、気づいた人は配慮するという社会生活の場の人と人とのかかわりあいです。

先日また視覚障害者の人が駅のホームから線路に転落といういたましい事故がありました。ホームを歩いている姿を目にした人は、白杖を手にしっかりとした足取りに、大丈夫だろうと受けとめたのかもしれません。目にした情報を自分流に解釈してしまいがちです。声が聞けなくても、ちゃんと心にとめて、見守ることのできる社会人でありたいと思いました。話を聞く、そして聞き取って行動する。それは人の生き方にもつながっていると思います。

日常生活では耳に入ってくる音が様々にあります。例えば、自動車の走行する音、街の雑踏の音、建設工事中のクレーンのうなる音、横断歩道のカッコウの鳴き声、公園で遊ぶ子どもの声など多種多様です。それらは雑音として聞き流しています。それに対して風の音、水の流れる音、虫の声などは聞き澄まして情感で受けとめる内心の働きを伴います。騒音の中にいるのは苦痛ですが、かといって無音にも人は耐えられないものだそうです。音を遮断した空間（無響室）の実験で、被験者が精神に異常をきたしたという話もあります。人は、様々な音を耳にしながら聞き過ごしたり、大事なことを耳をそばだてて聞くなど、聞き分けて生活しています。そういう諸々で感性もいろいろと磨かれていくのでしょう。感性豊かな子どもに育てるには、教師自身に感性の豊かさが必要です。気づこうとしなかったら、耳に入らないかもしれません。

学校教育の内容は「聞く・話す」を基本にした言葉の知識や技法とともに、社会性を育むのも一体となってあります。

儀式などの話は、面白いか否かではなく、まず聞くのが基本だと思います。漫然とただ聞くのは、受け身の姿勢で、聞き流してしまいます。まず聞いて、自分に響く所をみつける、自分の考えと比べる、そういうのが自主的に聞くという態度です。先生が子どもたちに「ちゃんと聞きなさい」と指導しているのも、話し手への礼儀とともに、自主性を育てるという大事な意味があるのを思います。

すでに情報の「発信力」に増して「受信能力」つまり、情報を選択、判断、理解する能力が重要な時代とされています。今後近い将来、ＡＩフィルターによって、あなたにとって最適な情報が効果的に提供されるような時代になっても、自身が自立的、創造的である限り、それは変わることなく必要な能力だと思います。

（注1）針生悦子『赤ちゃんはことばをどう学ぶのか』中央公論新社　2019

その三　先生と子どもの関係

子どもは、よいことよくないことの大小様々な経験を重ねて、葛藤しつつ人間的成長をしていきます。それは教師も同じです。完成した教師として子どもの前に立っているのではなく、数々の失敗の経験をしてこそ、教師として人間として成長できるのです。

それは当たり前のこととして理解されています。当たり前としているから見過ごしてしまいそうです。何事もない繰り返しの学校生活です。そのなかで子どもが発していた事柄の意味や、子どもに対応していた教師のあり方について、今にして気づかされます。

子どもを教育するという職業を通して、先輩、同僚、地域社会などたくさんの方々に教えられ学びました。そして、なによりも、子どもに育てられたという、まぎれもない事実があります。なんでもないような日常にこそ、大切なものがずっしりと詰まっていたことを思います。あとづけとして、先生と子どものかかわりを確かめておきたいと思います。

無心に

二年生のTさんからもらった二〇数年前の手紙があります。

こうちょうせんせいへ
きのうてがみ
あげるっていったから
てがみ
あげるね。

（おわり）　Tより

大きな文字が段落ごとに青、赤、緑、黄の色鉛筆で書き分けられています。オレンジ色のハートが大きく描かれた封筒は用紙を折りたたみ、セロハンテープで縁が閉じてあります。
子どもにとって、学校中で一番好きで親しみをもっているのは担任の先生です。それにひきかえ、校長先生はそれほど親しくはないです。友だちの延長線上のような存在で、上下関係も感じていません。手紙の文面も友だち口調です。どんないきさつがあったのかは覚えていませんが「てがみあげるね」というたったそれだけの手紙。これを書いて仕上げるのに、どれだけ時間をかけたことでしょう。Tさんの手紙から様々に思います。

自分で口にした約束事を果たす、自分の思うありのままに書く、手作りの便箋と封筒、それら諸々に一途に向かっている姿があります。知識を習得し表現能力が備わってくると、手紙を書く形式が分かり、相手との関係性も見るようになり、かえって気楽に手紙が書けなくなってしまうようにもなります。成長するというのは、純粋さを失っていくことも伴います。ひたすら熱中する子ども心は、人間としてとても大事であるのは間違いありません。子どもの一途さと人間性について考えてみたいと思います。

自作自演

五年生女子三人の手提げ袋のひもがハサミで切られるという事態が発生しました。

Mさんが「切られちゃったの～」と職員室で他の先生にも訴える様子は、なんとなくはしゃいでいるふうにも見えました。クラブ活動中、彼女がひとり教室に帰ったなど先生方から情報が寄せられました。担任の先生の指導で、彼女自身が切ったと判明しました。最初は、友だちや先生方からも同情され心配されて、ひととき心地よかったでしょう。

子どもに「なぜこういうことをしたのか」と問いただしても、子ども自身にも分からないのです。「ただなんとなく」としか答えられないでしょう。行為に表れる内面の動きは、複雑に絡まりあっています。事業をしておられる家は大所帯で、複雑な家庭環境も何か影響をしていたのでしょうか。日常生活や友人関係も含めた様々な要因があります。火山の爆発が、地下の奥深く絶えず動いているマグマの力によって起こるように、噴火した時に突然生じるのではない、というのと同様です。学校だからこそ現れたのかもしれません。彼女にとって必要なことでした。

負の表現には、子どもが内面に深く抱えている事柄が伺えます。ただし、子どもの行為を家庭環境との関係で解く場合には留意せねばなりません。複雑な家庭環境が、暗い性格や卑屈さをもたせるとは限りません。複雑な環境ゆえに、思慮深さや強い意思が育つこともあるのです。子どもの事情を安易に判断はできません。自分の行為を認めて泣いたのは「自分をみてほしい」という心の奥の訴えがあったのでしょうか。

仕事と人間性

最近「アート相撲」「社会的共通資本としてのアート」とか「経営をデザインする」「命のデザイン」などとしばしば目にします。興味をもったので、京都でアートの仕事をしているOくんに話を聞くことにしました。その時、仕事仲間で、大学院で美術について専門に学んだTさんも同席を、と言われました。こちらは単なる野次馬にすぎないので恐縮しました。「何もない所にアイデアが生まれる」「ひらめくものは、身の周りのいろいろな所にいっぱいある」「アートにダメ！

というものはない」など印象深い話の数々でした。

――そもそもこの仕事に就いたのは？

元はアート関係の会社に勤めていました。自分にはサラリーマンは向かない、自分で起業しようと、三人の仲間で立ち上げて今年六年目です。資金は知りあいの人が出資してくれて、昨年ようやくすべて返すことができました。お客さんの注文を受けて、こんな素材にこんな柄で、といった意図を理解して仕上げる仕事です。

――五、六年生のとき学級通信にたびたび描かれた彼のカットは、友だちからとても人気でした。

低学年の頃、アニメを見て登場人物などを描き写していた。両親は仕事をしていたので、放課後は祖母の家に帰って、何枚も繰り返し同じ絵を描いては、別々に色塗りもしていた。祖母はずっと誉めてくれた。亡くなった時それらが全部取ってあった。母の教えで覚えているのは、Tシャツを買う時自分で選ぶようにと言われて、これがいいと言うと、それを今持っているズボンのどれと合わせるのかと問われた。そういうものかと知った。

人気のカットの基礎に、そのような低学年の時代があったとは、このたび初めて知った話でした。もともと彼に備わった能力もあるのでしょう。それが育つ環境で、一途に、ただひたすらアニメを描いて、センスの土台が培われているのだろうかと想像しました。

自分の能力が仕事に生かされるのは幸せでしょう。しかし、企業となると趣味の芸術作品制作とは異なり、依頼者に満足してもらうための厳しさがあります。依頼された物を確実に仕上げるのは当然の仕事でしょう。そこには、表に出ない誠実さ、アートを楽しむ明朗さなどの人間性も諸々含まれていると思います。仕事を続けるうちに、専門的な技術や感性が磨かれ、同時に人間性も培われていくのでしょう。

仕事に携わるための資質は、二面あります。専門性と人間性です。専門性は、職業によってそれぞれ異なります。人間性は、どういう仕事であろうと共通する資質です。その人が専門的にいかに優れていようとも、人間性がよくなければ、専門性さえも発揮されないでしょう。人はあらゆる仕事を通して専門性を身につけつつ、人間としても成長していくのだと思います。

先輩の先生方の雑談の言葉を思い出します。「子どもの息遣いが分からなくなったら、教員を辞めなくてはいけない」「自分が、運動場を子どもと一緒に走れなくなったら、学級担任を辞める」。まだ駆け出しの身には関係のないような気もちで聞いていました。しかし、今にして中身の重要さに気づきます。教師が子どもに寄り添うということについてです。子どもに言いなさいと強要するのではなく、自らが子どもの言葉を聞き取る、声にならない声を聞きとめる、それが「子どもの息遣い」だったのです。子どもと一緒に息を弾ませながら走る、弾けるような子どものエネルギーを受けとめる、それは、子どもと共にあることの喜びでもあるでしょう。子どもに寄り添って、子どもと共鳴しあい、その純真さを共有できるでしょう。教師は子どもがいるからこそ、教師なのだと、つくづく思います。

一途さ

「いちずさ」が大事だと宮大工の菊池恭二氏は言われます。(注1)西岡常一棟梁の身近で六年間、お茶出しなど身辺のお世話をして学び取っていったそうです。ひたすら社寺の建物に惹きつけられて、どうなっているのかと、西岡棟梁の言葉を必死に聞き取った。ただそばにいてそのことに没頭する日々でした。そこには、子どもの純真さに通じるものがあります。西岡棟梁から引き継いだものを自分の内に入れて、弟子に教えておられる現在です。宮大工には、木を見たり、工務店で仕事をしたりと建設にかかわる広い分野の仕事があります。そこでは弟子時代の学びが基礎になっています。大工の世界では「素直でまじめな人間は必ず伸びます。そして、もうひとつ大事なのは一途さ」と言われます。自分が好きだから一途に引き込まれて没頭していく。そのひたむきさが、仕事の腕も人間性も培っていく基礎にあります。歌舞伎俳優の中村富十郎さんの言葉にも、子ども心を大事にする、遊び心をもつこと、とあります。お客さんに気に入られようとか、上手に演じようではなく、ひたすら無心に芸に熱中することが大事だと言われました。

二〇二〇年一二月六日「はやぶさ2」が小惑星りゅうぐうの砂の入ったカプセルを地球に持ち帰りました。宇宙科学研究所管制室のメンバーたちが、力強く腕タッチを交わされる姿にも感動しました。プロジェクトマネージャの津田雄一さんは幼少時期から宇宙科学に憧れて育ったそうです。一途な思いはすでに、次の小惑星に一〇年後に到着するために飛びたっていった「はやぶさ2」に向けられています。一途さというのは、なんと遠大であり、微細で、力強く、熱のこもったものであろうかと思わされます。

科学に完成はないといわれるように、教育にも完成はありません。だから教師は努力を続けねばなりません。そして努力をする限り発展もしていくのです。しかし、教育をした結果は、一〇年後、二〇年後でしか分からないともいわれます。小学校時代で完成ではないので、と教師は責任逃れもできます。そういう不誠実さを、子どもは純な心で見透かしてしまいます。未完成だからこその教育を、子どもとのたまたまの出会いを、限られた時間で、どのように意義深いものにしていくかが教師の仕事、力量、人間性です。

学校生活で子どもが見せる姿は、その子のほんの一部だけです。たったそれだけで、子どもは今を様々に発信しています。その損得、利害なしの純なものに共振したいです。我が身には、知識や知恵や経験が、先入観や偏見として、まるで牡蠣殻のようにとりついています。自分の本心さえどこにあるのか見えなくなっていました。ところで、教師に一般常識がないと言われるのは、学校という環境の中で子どもによって、純粋さを折々に呼び覚まされていたからだろうと今にして思います。子どもがいたからこそ、教師として、また人としての人間性も育ててもらったことを思います。

（注1）菊池恭二『宮大工の人育て』祥伝社　2008

先生の言葉

私の子ども時代の話です。高学年の時、絵を描く宿題がありました。題材は自由、色は塗っても塗らなくてもよいというものでした。私は近所の生まれて一カ月の赤ちゃんの顔を鉛筆で描きました。黒の陰影に表情も出ており、自分でも満足のいくものでした。鑑賞会が行われ、黒板の所に五～六枚ずつ並べられて、よいと思うものに挙手をしました。私の絵には大勢の手が上がりました。赤ちゃんの笑顔は遠くから見るとさらにかわいらしく生き生きとして見えました。すると先生は、私の絵を手に取って言われたのです。「こりゃ、ダメよ。写真を見て描いた絵はいけん。」「えっ!?そんなことはないです!私はお布団に寝ている赤ちゃんを見ながら、声をかけながら描いたんです!」もちろん声には出ません。心のなかで強く言いました。喉の奥が固く熱かったです。先生は他の人の絵について、それぞれに批評されていたと思いますが、覚えていません。恥ずかしく打ちひしがれた思いでしたが、休憩時間に友だちは誰も何も言ってきませんでした。そのうちその出来事は消えてしまったのでしょう、心に尾を引くようなことはありませんでした。今もその時のことを鮮明に覚えています。先生は美術がご専門でした。

戦後一〇年くらいの時代では、年長者や先生には絶対に従わねばならないとされ、反論などは思いもよりませんでした。でも言葉をなくしていたのではなく、心には強く言う言葉をもっていたのです。人は言葉で生活しています。話し言葉や書き言葉も含めて、意思や感情などを伝え、受けとめあって人とつながっていきます。伝え、受けとめるというのはコミュニケーションです。子どもとのかかわりの、先生の言葉について考えてみたいと思います。

ベテランの先生の言葉

A先生は研究熱心で、子どもたちを授業にぐいぐいと引き込んで、見方を変えてやったりするベテランでした。学級集団もまとまりがあり、先生方から一目置かれ頼りにされるような先生でした。ある夕方、Kくんの父親から「子どもが先生に叱られたと言って落ち込んでいる。どのように注意されたのか聞きたい」という電話があり、担任とともに校長室で応接しました。A先生は膝の上に教務ノートを広げてにこやかに口を切りました。

「お父さん、Kくんは授業では友だちが気がつかないような視点で意見を言うことがたびたびなんですよ。友だちの言葉をよく聞いていて突っ込んでいったりしているんですよ」「掃除の時間に、こんなことがありましてね…」と、よいところを次々とあげていきました。「ちょっと」と遮るように父親は「そう先生は誉められても、子どもですから。家での態度を見ていると、出来の悪いところだらけですから」と苦笑いしつつ言われました。「私はKくんが大好きなんです。私とは何でもよく話していますし、特に授業中の発言は光るものがいっぱいです。まあ、お父さん、今度参観日にぜひ来てください。ふだんの授業でも、いつ来られてもいいですから、ぜひ」立て板に水でした。父親は腰を上げて「ま、今後ともよろしくお願いします」と苦笑いの表情のまま頭を下げて帰って行かれました。Kくんを叱った話はないままでした。

お父さんは、A先生の話をどのように納得されたのでしょうか。息子をこんなふうによく見ている、こういう熱心な先生だから間違った指導はしていないのだろう、と思われたか。あるいは、誉め言葉を並べたてる先生に、何を言っても無理だと悟られたのか。いずれにしても「これからもよろしく」と大人としての態度で引き下がられたのでした。最初に校長宛の電話だったのも、担任の先生をきちんとみてほしいという、社会人としての姿勢でもありました。

教師の言葉は、説得的なものが多くあります。保護者へも雑談を除いて、ほとんどが子どもについての説明です。学校での子どもの現状を伝えるための言葉です。それらは教師から一方的に発する言葉で説得的になりがちです。先生の父親への対応は、内容がどうかは別として、当然のあり方でした。現に父親は、表向き納得して引き下がられました。教師は力量を積むと、保護者に話す技法も身につきます。そして、自分は子どもを十分理解している、間違った指導はしていないという自負心も強くなるでしょう。それはまた、他者から自分のマイナス面を見られたくない、という鎧を知らず知らず着けてしまった言葉かもしれません。

教師が理解していると思っている子どもの内なる言葉を様々に想像します。そして思います。もし先生が、お父さんに話したことをそっくりKくんに言っていたら、家で訴えなかったのではと。あるいは、教室で叱った後で、彼の思いを聞いてやったら、彼はどんな言葉を返したのだろうかと想像します。頭ごなしの叱責がいけないのではないです。彼の気もちを分かろうとしない、教師の関心が自分に向かっていないのを、彼は感じ取っていたのでしょうか。ベテランゆえの子どもを理解しているという過信の危うさを思います。

子どもが何を言いたいのかは、聞いてみなければ分からないものです。

筋道が通っていない、文法にかなっていないなどは、子どもは後で学んで分かっていきます。コミュニケーションの技法は人とかかわりながら学ぶでしょう。大事なのは、その子の言いたい、伝えたいことの中身がどうかです。言葉の中身にその子自身があります。先生の言葉も同様です。言葉には人間性が表れます。正しい言葉や内容を豊かに、というのは必要な技法です。しかし、物事をどのように感じ、考え、行動しているかというその人のありようが浮き彫りになってくるのが言葉遣いです。

教師の言葉遣いは仕事としての専門性にかかわるものです。そしてそこには、人間性という資質も含まれているのです。

職員室で背後に、高学年の男子と男性の先生の言葉が聞こえてきました。「せんせい、やってきました」「誰に教えてもろうたんか。誰かに教えてもらわにゃあ、できまあが」ちょっと笑いを含んだような口調でした。子どもは黙っていました。表情は見ていません。

おそらくその先生は、他の子どもたちがいる教室では、そうは言われなかっただろうと思います。授業を終え職員室に帰ってきて、大人の世界に入って、ほっとしたところの場で出てきた軽口だったのでしょう。でもそれは子どもには通じない冗談だったと思います。

子どもには、先生のひとことが、注意になり、励ましになり、心情に作用していきます。だから、先生は子どもの前では自らの言動を自覚的にしているはずです。そうやって教師としての経験を積んでいるはずです。でも、自分のことは自分でもなかなかみえず、気づきにくいものです。

先生に言われて

先生の言葉は子どもに様々な作用をもたらします。先生にとっては何気無い言葉でも、子どもに励みとなったり、成長していく糧となったりもします。あのときの、あの先生の言葉が自分を変えた、支えとなっているなどと新聞の履歴書やエッセーにしばしば見えます。

ある同窓会でFくんが「四年生の時、先生に絵がユニークだと誉められた。それは、建築家になった自分の基にある」と言ったので驚きました。絵を専門的に評価できる自分ではないし、何か心にとまったままを発したのでしょう。マイナスのことを言わないでよかった、と冷や汗の出る思いがしました。

またある時、Hくんが言いました。「僕は先生に叱られたことを今も覚えています。」驚いて「どんなことで?」と尋ねましたが、笑って教えてはくれませんでした。小学校時代の出来事は遠い過去です。それでも彼の記憶には鮮明にあるのです。自分自身の絵の出来事に重なりました。

小学校の先生と子どもとは、上下関係が強くあります。教える立場対教えられる立場、そういう関係性を子どもが受けとめてくれていて、先生の仕事が成り立っています。子どもの心のどこかに引っかかった先生の言葉は、内容がプラスであれ、マイナスであれ、その時の先生の人間性から発せられたものです。価値観、子ども観などを含んだ人となりが言葉となって表れます。自身では気づかないままに。

子ども時代には口にしなかった言葉を、社会人になった彼が、ぽろっと言いました。なぜ今にして。それは、子どもと先生との関係が、今は社会人として対等の人間関係になったからだと思います。後日Hくんからメールが届きました。医師になるまでの道のりが書いてあるのを、繰り返し読みました。社会人として対等の人間関係になったけれど、やっぱり、元のままのセンセイであり、元のコドモのままの心情が通うのを感じました。

小学校時代の一年間、二年間のかかわりでしかなくても、先生と子どもの関係というのは「センセイ」と「担任したコドモ」です。コドモと言葉を交わせば、たちまち小学生時代の顔と心に戻り、あの頃がよみがえります。「センセイ」と「コドモ」という関係は、賀状やメールを交わす子たちはもちろん、音信不通の子であっても、ずっと終生続いていくのです。

関係は残るといっても、ただ「センセイとコドモ」としてではありません。当時の出来事はコドモの経験となり言葉になって、プラスもマイナスも含んで受け継がれていくのだと思います。かつての日々のエピソードは、教師という仕事の深遠さを改めて教え、自分の心を満たしてくれているのを思います。

言い訳

六年生のTさんが日記に書いてきました。

「先生は、私が言おうとしたら『言い訳はよしなさい』と言いました。私は言いたいことがあったのに、他の人といっしょにしかられてしまって、とてもいやでした。」

言い訳は、自分を正当化しようとしていて、潔よしとしない思いがありました。殊に、子どもの頃、明治生まれの祖母から叱られた時「でも」と口にすると「返答するもんじゃない」と厳しく言われて育った身には、沁みついています。しかし、Tさんの日記を改めて読むと、言いたいことを阻止されたと抗議しています。言いたいことを言うのは、自己主張をする上で大事です。それを、言い訳はよくない、とひとくくりにとらえていたのに気づきます。常日頃、なんでも自分の思いを言いましょう、と指導もしているにもかかわらずです。「それは悪かった。こんどから言いたいことを聞きます」と返事を書いたけれど、今見ると、これも自分自身の言い訳でしかなかったようです。

「言い訳」の意味内容は、自己弁護、弁解、自己の正当性の主張、釈明、弁明など負の意味から正の意味と広範な心的状況を含んでいます。そこには、日本伝来の、おそらく儒教からの文化と西洋文化の違いを感じます。日本では「正」も含めて、一切の言い訳を否定してきました。言い訳は人として潔くないとして、内心で処理しようとしてきました。それはそれで自律心のための意義もあります。しかし、西洋では「正」に焦点をあてて、他者の誤解や不条理を解消するために言い訳が必要とされます。ディベートなどの弁論術も子どもの時から訓練されます。お互いに自己主張をし、議論によってあらゆる紛争を解決するのが基本とされてきました。日本の学校でもグローバル時代に向けて、表現力やディベートの取り組みも進められましたが、ディベートはなじみにくかったです。相手を言い負かすことの不慣れ、言い負かされると気分を害するなども生じました。ふだんの生活では思いやりや人の立場を考えるなども教えられています。ひとつの弁論術であるという切りかえもできにくかったのでしょうか。いずれにしても、西洋的な、自己主張を尊いものとするのと、日本的な、武士道的な言い訳否定とが、混然として未整理のままであったと思います。

自己主張をしてお互いに議論を深めるのは、コミュニケーションに欠かせません。正しい主張が尊重される、それによって不当な扱いを受けることがない社会でなくてはなりません。そして、自己主張の基礎に必要なのは、自分の内に客観的な正否の判断の基準をもつことでしょう。そのために学校教育の学びもあるのです。社会生活の場には、様々な言い訳があります。それらの様相から、言い訳の意味について考えてみたいと思います。

先生の言い訳

学期末の保護者懇談で、先生は成績表を見せて言います。「学習面はまずまずでしたが、集中力に欠けるところがあります。何度も指導してきたのですが直らないですねえ。」保護者にしても家での子どもの様子から分かっているので「家でも注意しているのですが」と恐縮するしかありません。

子どもに集中力をつけるように指導するのは先生の仕事です。「指導したのですが」は、自己を弁護する、自分の仕事の責任逃れです。集中力がないのを子どものせいにするのに他なりません。さらに責任の一端を保護者に預けています。指導したと言えるのは、子どものどんな点に課題があるのかを見つけて、どのような手立てで指導していくかを明確にしての上です。指導の手立てによって、ここまではできるようになったので、家庭でもこういう点に気をつけてほしいなどと保護者と協力して子どもを育てていく姿勢が必要だったと思います。

また、教育の場には、力関係が働いていることを自覚する必要があると思います。先生は子どもや保護者に対して優位な位置にいます。先生は保護者に対して権力のある位置にいるのを気づいていないと、無意識に高い所から言葉を発してしまうかもしれません。先生と保護者とは、対等な関係にあって対話が成り立ち、子どもに集中力をつけていくのも適切になると思います。

記述による言い訳もあります。「よいこのあゆみ」は絶対評価となっています。それなのに「みんなが○○しているのに、△だった」などと他と相対視して書かれていることがあります。大勢の中で子どもの特性を見る習慣で、相対視するのは身についてしまっているかもしれないのです。評価法の、絶対評価、相対評価について正しく理解して使い分けるなど、意識的に確認をしていく必要もあるでしょう。

社会にみる言い訳

ニュースでたびたび耳目にする、政治家の失言があります。政治家として十分に経験を積んできたであろう方が、不用意な発言をしてマスコミなどでも追及されています。いろいろ釈明をして、ついには謝罪して発言を撤回するに至ります。本来ならば、覆水盆に返らずですが「撤回」によって発言は取り消されて身分地位が守られます。そうせざるを得ないような政治の世界なのでしょうか。公の言葉も、相手のことを考えて発するというコミュニケーションが前提です。企業でも不祥事のお詫びの記者会見をする場面があります。たとえ組織の中の一個人による不祥事であっても、企業の代表者が謝罪し、釈明しています。それほど企業は組織全体で社会的責任を負っているのです。

釈明は、論理的、合理的に説明ができているかどうかで判断されます。筋が通らないのは単なる利己のための言い訳でしかないと受けとめられるでしょう。しかし、組織といっても、そのもとは個人です。個が自己の責任と判断で行動するというのは最低限必要でしょう。自分で責任を引き受ける、という気概も大事だと思います。気概というのは、その人の信念や正義感による、その人の人間性に基づくものだと思います。

講演など話の中で「こういっては失礼ですが…」と、ときに言われます。話し手は「ここで言ってはいけないけれど、言いたい。そんな大袈裟なことでもないですから」という思いなのでしょうか。こういう前置きの言い訳は、後に続く言葉の緩衝材のような役目もあるでしょう。でも、自分中心の思いを押し付けているようで、やっぱりきれいではないと感じてしまいます。

意識的、無意識的な言い訳をいくつかみてきましたが、それらは主として言葉を発する側からです。受けとめる側からすれば、個人懇談での保護者のように、ひたすら受けとめるしかない場合も多くあると思います。国家権力が強い独裁国家や社会主義国では、受け手の国民は言い訳ができません。国家に反するような個人の意見表明は許されないのです。民主的な国家では、国民が主体的に発言し弁明する機会や場もあります。

言い訳しない

ところで、主体的に言い訳しないという場合もあります。スポーツ選手は「言い訳はできません」と言います。結果が出てしまった後でいろいろ言い訳をしてもどうにもならないのです。結果がすべてであって、その結果については、自己責任として自分自身に引き受けています。自分自身で編み出したトレーニング法で鍛錬を重ねていく、そういう他者には見えない地道な働きが「言い訳はしない」と選手を屹立させ輝かせているのだろうと思います。自分で責任を取る、それは、自分自身に対して厳しく責任を果たしていく姿勢ですが、並大抵ではないでしょう。プロは結果で評価されるのです。努力が評価されるのはアマチュアでしょう。

全く関係のない世界のようですが、俳句も言い訳のできないところだと思います。句会では、参会者がいろいろ感想を交わして天地人などと優秀な句が選ばれます。その折に求められて初めて自分の句の情景や意図などを話してもいいが、自らが進んで説明をするのは野暮、ご法度だそうです。俳句は詠み手を離れたら、解釈は読み手に任せるのです。それは俳句に限らず、小説や芸術なども同様に、評価をするのは全くの他者です。作者にとって評価がかんばしくなかったら、世間の人の見る目がないのだとは言えないでしょう。世間に対してではなく、自己が芸術に対峙するというのは、言い訳のきかない世界だと思います。

言い訳をしたくともできない理不尽な場合もあります。

ガリレオ・ガリレイは、地球は動いていると言ったために、六年間も取り調べられ拷問にもかけられました。裁判が行われて、地球が動くという説を放棄する旨が書かれた異端誓絶文書に署名させられました。ガリレオは、裁判が終わって外に出て、空を見上げ地面を見下ろし、地球を指して、それでも動いているとつぶやきました。死後一〇〇年以上経った一七五七年に書かれていて出典は明らかではないとありますが、宗教の権威が絶対的な世にあって、ガリレオの科学者としての信念を思います。

もうひとり、マリー・アントワネットです。

一四歳の時、フランスのルイ一五世と結婚したマリー・アントワネットはオーストリア帝国のハプスブルク家の皇女でした。一七九二年のフランス革命後、裁判にかけられて自身の無罪を主張し続けましたが、九四年にコンコルド広場で処刑されました。残された遺書には「犯罪者にとって死刑は恥ずべきものだが、無実の罪で断頭台に送られるなら恥ずべきものではない」とあるそうです。当時の君主制、封建主義の社会で期待される王妃像は従順な女性でした。しかし彼女は、相手から逃げないで昂然と対決して自己主張をしたのでした。自分の信念に基づいた言い訳の強さを思います。

信念について付け加えておきます。三島由紀夫が、自分の小学生の息子の成績に納得できず、担任の先生に尋ねました。担任の先生は、自分の教育の仕方について説明し、これは私の信念です、と言いました。それで三島由紀夫は納得して、何も言わずに引き下がったそうです。(注1)教育への信念はゆるぎないものが筋を通っていたということでしょうか。担任の教育への信念に敬意をもって応じた三島の態度は、信念を深く理解しあう者どうしだったからでしょう。「武士に二言はない」なども、正しいかどうかではなく、信念によるのでしょう。

子どもの言い訳

下の息子が中学生の時、いろいろやってくれて学校から何度も呼び出しがあり、そのなかでの一つだけど、とNさんが話してくれました。

三人の男子生徒が、一人の男子生徒を殴った。殴ったのは一人だったが、その場にいた三人ともが親子で呼ばれた。学校に行く前に、息子に話を聞いた。殴った子は息子と小学校からずっと一緒でよく知っていた。「なぜ止めなかったのか、あなたは体格は大きいのだから止められたはずでしょう」と言うと息子は言った。「自分も殴ってやりたいという気があった」「そうだろうね。だったらあなたも同罪だよね」「うん」

学校で、先生に向かって一人の親が言った。「うちの子は殴っていないのに、なぜ呼ばれたのですか。」当然、他の親も自分と同じ考えだと思っていたので、あぜんとして自分はその場で何も言えなくなった。直接手を出した子は停学処分となった。家に帰って息子に、お母さんが反論できなかったのを詫びた。しかし、殴っていなくても、同罪の気もちは変わらないと言うと、息子は自分もそう思うと答えた。

社会規範に触れたのは殴った一人です。しかし道徳的な背景から考えると三人とも同じです。直接手を出していなくても「同罪」という判断は、暴力を防ぐための方策はあったにもかかわらず何もしなかったゆえです。私情を捨てて、正しい判断をするには勇気が必要です。そのことを母親は息子に教えたのでした。

学校での指導は、社会規範のみではなく、気もちの指導が必要です。ここに道徳科の意味があるのを思います。

忘れ物をした六年生のYくん

「せっかく勉強したのに、ノートを持ってくるのを忘れた。本当に一所懸命やったのに」「あ～あ～せっかく勉強したのに」と朝二度も言ってきました。帰りがけに「明日は絶対持ってくるから見てね」と念押しをしました。提出物を時々忘れる彼です。でもこの時は、よほど頑張ったという自負心があったのでしょう。残念さのにじむ顔がありました。

言い訳は、事情を述べて、自分が間違っていないことを主張する行為です。子どもの言葉を正とみるか負とみるか、単純にはいかないです。幼児は知恵がついてくると、子どもなりの稚拙な理屈づけをして自分を正当化するようになります。それはひとつの社会化でもあります。だから、見逃してよい場合とそうでない場合とがあるのを、親は判断して対応しているはずです。

高学年になってくると、筋の通った話し方や説明もできるようになります。単に自己を守るための主張ではなく、整合性のある言い方もできるようになってきます。子どもの釈明を、論理的、合理的な説明となっているかどうかで受けとめるのではなく、まず子どもの思いに添ってやることだと思います。先生は、その子の言葉や態度の芯にあるものを、どうやったら正しく読み取ってやれるのでしょうね。

『星の王子さま』(注2)の著者サン・テグジュペリは、この本を子どもたちにではなく、親友レオン・ウェルトにささげています。「…子どもたちにはすまないと思う。でも、それには、ちゃんとした言いわけがある。その大人の人は、わたしにとって、第一の親友だからである。もう一つ言いわけがある。その大人の人は、子どもの本でも、なんでも、分かる人だからである。いや、もう一つ言いわけがある…こんな言いわけをしても…」と、四つも言い訳をしています。そして、大人もかつては子どもだった、その子どもにささげたいのだ、と読者を納得させています。こんなに心が清々しくなるような言い訳をしてみたいと思います。

言い訳は、正も負もあり、きちんと自己主張をして正々堂々と生きていくためでもあります。子どもの純な心に共鳴できる大人でありたいと思います。

(注1) 森隆夫『教育の扉』第四巻　ぎょうせい　1991
(注2) サン＝テグジュペリ　内藤濯訳『星の王子さま』岩波書店　2000

テストの丸つけ

中堅といわれる年齢になった頃でした。学年主任や教務の研修担当など、校内全体にかかわる職務を担うようになっていました。子どもたちにやらせた各教科のテストの採点が処理できずにどんどん溜まりました。思い余って、大学生の元教え子に、テストの丸つけのアルバイトを頼みました。テストが終わって、子どもたちにすぐに返却できるし、間違い直しもさせて、とても助かりました。ところが期末になり、さて成績を評価しようとした時、ひとりひとりの子どものことが全く見えなくなっていたのです。慌てました。

確かに、教科の観点別や総合の点数は名簿に記されています。しかし、その点数からは子どもの姿が浮かんでこなかったのでした。さらに、テストを返した時、Aくんが言ってきた言葉が胸に突き刺さりました。「先生、ぼく、算数八〇点も取ったのに、なんでヒットじゃないん？」いつも六〇点くらいがせいぜいの子でした。テストの丸つけでふだんやっていたのは、丸つけをしながら、一〇〇点の子に「満塁ホームラン！」「おめでとう！」八〇点の子に「ヒット！」「あと少し！」あるいは「ガンバレ！」などと書き、算数文章題の空欄の筆算メモや間違い漢字には、赤線を引いて「ここ、もう一度見て」「おしい！」などと書いていました。すべてに対してではないですが、しばしばそうしていました。Aくんの言葉が心にぐっときました。これはまずい。それからは、丸つけのアルバイトは止めました。

初任の頃に、学年主任に言われました。「自分の学級経営をきちんとやる、それは教師として当然の仕事です。でもそれだけでは半人前。校務分掌をいろいろ経験して、学校教育全般にわたって理解し、校内の教育活動に力を発揮できるようになること。それで教師としてやっと一人前です」。学級経営でさえ四苦八苦している身には、校内全体を見よと言われて、とても戸惑い、不安になったのを思い出します。しかし経験はありがたいもので、そのうちあれこれの仕事もできるようになっていくものです。

教師の仕事は多岐にわたっており、経験を積めば積むほど多忙になります。それは昔から変わらずあります。でも、今日の教育現場は、自分の初任の頃と比べると、格段に多忙さは違うでしょう。学習指導要領改訂に伴う、新たな教科や教育活動の他、次々と各種の教育事業が立ち上げられています。幼保園との連携、中学校との教育研究連携事業、さらに保護者や地域との連携などとうんと広がっています。それらにかかわる研修や提出書類も作成せねばなりません。時代とともにある教育は、変化発展していく社会の要請に伴って多種多様な取り組みをしていかねばならないのです。だから多忙は、これからもずっと続いていくでしょう。仕事をする限りついて回る「多忙」について考えてみたいと思います。

親の思い

午後七時頃「今から保護者が来られるので、一緒に話を聞いてほしい」と三年生の担任が言ってきました。校長室のソファーに座るなり、保護者は言われました。「先生は、Eの靴を探してくださったんですか。Eはひとりで探したと言ってます。高学年の靴箱までひとりで探したと。」担任は下を向きました。「うちは、靴がなくなったといって、すぐに買う余裕はないです」「先生はうちが母子家庭だと思ってバカにしてるんですか！」「いえ、そんな…」痛烈な言葉にうなだれるままでした。

Eは下校しようとしたら靴がなかったので、職員室に行って先生に靴がない旨を話した。「他の学年もよく探してごらん。後で先生も行くから」その時担任は校務分掌の印刷物を準備中で、手が離せなかった。しばらくして「やっぱりない」と言ってきたので、生活ノートを出させて記した。「下靴がみつからないので、上靴で下校させます。明日よく探してみます。」仕事から帰った母親は立腹して、学校へ電話したのでした。

教師経験は二〇年近くなり、学級経営も板につき、子どもたちからも慕われていました。子どものことをないがしろにするような担任ではないはずでした。校内の分掌責任の他にも、校外の教育研究会の仕事も担っていました。この日は、たまたま急ぎの仕事が重なり、それに気を取られていたのでしょう。「明日の朝の会にみんなで探そう。校内のどこかにきっとあるはず。みんなで探せばすぐみつかる。前にもそうだったから」心にそうつぶやいたでしょう。しかし今、母親にひたすらすみませんでしたと繰り返すしかありませんでした。

翌朝、担任に呼ばれて行くと、靴箱の中に、Eの名前が書かれた真っ白い靴が入っていました。思わず彼女と顔を見あわせました。昨日あれから母親は町中の店にバイクを走らせたのだ。仕事も家事もと忙しいなかで、親として子どもが最優先であるのを思い知らされました。それは、一〇数年前の「テストの丸つけ」の自分と全く同じでした。忙しいということは、まさに心を亡くしている、とずっしりと心にきました。

青空教室

終戦直後の青空教室の写真を見て思います。周りは空襲の焼け跡で、壊れた建物の残骸が転がっている。そういう所でござに正座する子どもたちと、前に立っている先生。先生と子どもたちが勉強に真摯に向かいあっている姿です。教室どころか、教具もなにもかもない状況下で、先生たちは子どもたちのための教育を模索していかれたでしょう。それは多忙とは表現できないようなことであったと思います。住む家も食事も満足でない子どもたちを気遣いつつ、新しい時代の教育を目指しました。何もないところから、コア・カリキュラムの開発など創造的な教育が生まれていったのも思います。

それにひきかえ、今日では学校の施設、教具類も多様に豊かに整えられて、さらにＩＴ教育環境も充実してきています。時代の進展にあわせて、子どもの教育に必要な物であって、それらに対応するための時間はいくらあっても足りないでしょう。

子どもたちの授業のための教材研究も重要な仕事です。教材研究は進めるほどに分からない事柄が次々と出てくるものです。自分の目的意識が明瞭にあると、関心をもっているあれこれの情報が、向こうから飛び込んでくるようになります。それは、絶えずアンテナを張っているから、引っかかってくるものが多くなるということです。そして、授業で子どもたちからの手応えにうれしくなり、さらに研究も深まります。そういうときには、他の多くの仕事が立て込んでいても、多忙感というのはもたないようです。多忙は物理的ですが、精神的ともいえるのでしょう。

取捨選択

教育にかかわる仕事内容は多岐にわたり多様にあります。教師は真面目な人が多いですから、あれも大事これも大事と背負い込んでしまいがちです。教師の資質として、真面目であるのは必要だと思います。それでも、あえて考えます。

自分がすべて背負うのは無理です。何かを捨てなくてはいけません。何を捨てて、何を捨てないでいくかという、取捨選択をしていく必要があります。自分が最も大事としているのは何かを見極めて、取捨選択をするのです。取捨選択に罪悪感があっても心配はいりません。今は捨ててしまっても、後で、どこかできっと取り返しがつくはずです。そのために学校教育は組織で行われています。自分にできなかったところは、次の学年で他の先生がちゃんと補い、子どもたちに力をつけてくださいます。学校教育の組織は、多様な資質や能力をもつ先生方の集まりですから。

参考になると思ったのは、工藤勇一氏の著書『学校の「当たり前」をやめた。』(注1)です。学校教育の目的と手段とが混沌としている現状から、何のためにどうするのか、という観点から見直しをすることが説かれています。当たり前だと思ってやってきた事柄を、徹底的に洗い直しをして取り組まれました。例えば、中間・期末テストの定期考査の全廃があります。生徒が効率的に学力を高められるように、期末ではなく、単元が終わるごとに小テストを行う。これだとつまずきのある生徒には早く対応できるし、生徒自身でも自覚的に勉強に向かうようになった、とあります。社会に生きる力をつけるためには、自律した生徒に育てる。その目的のために手段を明確化し、教職員で共有して実践されました。

仕事は忙しい人にさせよ

諺に「仕事は忙しい人にさせよ」とあります。社会では仕事はちゃんとできる人にやらせたいし、暇にしている人には誰も頼みません。暇そうな人は仕事のできない人、忙しい人はできる人、そのようにみんなが認めているのです。ただし、暇な人はダメな人、ということではありません。どういう人であってもその組織の大事なメンバーです。能力や個性に応じてその人の得意分野で仕事をしてもらわねばなりません。処理能力の高い人、低い人、それぞれです。上司や管理職は人を活かして適材適所で組織をつくる役目があります。多忙はどんな社会にもついて回るでしょう。ただ、処理能力の高い人のところに仕事は集まりがちです。仕事のできる人はどうしても忙しくなってしまいます。その人は仕事をどんな風に仕分けて処しているのでしょうね。

近い将来は、事務処理をはじめいろいろな教師の仕事を、ＡＩがやってくれるようになるかもしれません。働き方の見直しのなかで、テストの丸つけの仕事をＡＩにやってもらってもよいと思います。それは、多忙さを解消して楽をしたいというのではありません。子どもたちの顔をよく見て、ひとりひとりに向きあいたい、そう強く願っているからです。様々な教育環境の変化や処理に忙殺されるなかで、やるべきことを選択してやっていかねばなりません。

ただし、それは、急ぎや重要さなどの優先順位を決めるというのではありません。取捨選択をするための判断基準をもつことです。判断基準というのは、仕事をする上で自分にとって最も大事なことは何かです。私にとっての「テストの丸つけ」というのは、ペーパーテストを通して、その子を見て、対話することだったのです。まだ九九が十分分かっていないな、習った漢字が使えていない、この頃文字が雑になっているなどといろいろ目に入り、頭に入ってきました。テストの丸つけは、そういう事柄を含んだ仕事だったのです。

多忙は「子どもをみること」という判断基準を自分に気づかせてくれました。それは学校教育に携わる者の普遍的な大事な姿勢でもあると思います。分からなくなったら母港に立ち戻って出直す、といわれます。自分の母港となるのは「子どもをみること」でした。先生方には、自分自身の判断基準となるもの、折に触れ立ち戻り出直すための母港をもってほしいと思います。

（注1）工藤勇一『学校の「当たり前」をやめた。』時事通信出版局　2018

ひとりひとりを大事にする

二校時が自習という一年生の補教に入りました。

学習プリントを配り「名前を書いて、丁寧な文字でやってくださいね」と言った。「やっていいですか?」の声。するとあちこちから「いいですよ」「どうぞ」「いいですよ〜」と返ってきた。「T先生、どうしてお休みなの?」と声がした。答えようとすると「病気になっちゃったんだって」「お熱」「三八度」「熱がでたの」とまたあちこちから答える。前の時間に学年主任の先生が話されたのでしょう。

しばし静かになりました。子どもたちは、心のなかでT先生と対話しているのかなあと思いつつ、自習する子どもたちを眺めていました。隣の子に小声で「ここ、ぬらんといけんのよ」と教える子。プリントをやり終えた子は、教卓に出して、学級文庫から本を取ってきて読み始める。自由帳に絵を描く子も。チャイムが鳴ると、日直さんが前に立って終わりの挨拶をしました。時折、頭を上げては時計を見上げていた子でした。

T先生は、前任校ではずっと五、六年生を担任して、教師経験一〇年目にして初めての一年生担任でした。四月当初は「いちいち聞いてくるな！」と、職員室で困惑していました。それが、六月の時点では子どもたちに規律を身につけさせていて、しかも急な休みにもかかわらず、子どもたちが落ち着いて対処できていたのに驚きました。おそらく、学年主任をはじめ先生方にいろいろ教えてもらいながら奮闘してこられたのでしょう。一〇年というキャリアの下地もあってこそです。

T学級の子どもたちは、分からないことを分からないと言い、それに応じる学級集団に育っています。子どもたちがお互いを大事にしあっている姿です。「ひとりひとりを大事にする」という言葉は、一九八五年の臨時教育審議会の答申からいわれるようになりました。集団教育、一斉指導ではなく、個人主義、個別化、教育の自由化などといわれて、個に学力をつける、個性を伸ばすなどが現場でも模索されました。

学校教育は、学級集団の単位で行われます。学級集団という組織には規律が必要です。規律については『きまり』（p.126）に書きましたので、ここでは集団の中で個を大事にするとは、具体的にどういうことなのか、個への対応と集団とのかかわりを考えてみたいと思います。

個に応じた教育

六年生のHくんは算数が飛び抜けてできる子でした。授業の終わり一〇～一五分間は本時のまとめとして、各自が計算ドリルや教科書の問題などをする時間を設けました。その時に、家から問題集などを持ってきてもよいことにすると、四、五人が持ってきました。Hくんは塾で使っている分厚い問題集を開きました。「すっげえ！」と驚く子や、その中の問題を教えてほしいという子もいました。担任は、全員に分からせる必要があるので、分からない子に焦点を当てがちです。それでは理解の早い子をほおっておくようになります。理解の遅い子には個別に丁寧に、理解の早い子はどんどん進めてやりたいです。個の能力を伸ばしてやる手立てはいろいろあるでしょう。分かる人は分からない人に教えてあげましょう、というやり方などもよくあります。大事なのは、子どもたちどうしが、能力の違いを認めあう集団です。人それぞれの違いという多様性から集団に刺激がもたらされ、活性化されるのです。

・三年生のＴＴによる算数指導

算数は能力差の表れやすい教科です。子どもの算数の好き嫌いが顕著になるのもこの頃です。学年合同でチームを組んで、算数の能力差に応じた指導の取り組みがありました。「わくわくコース」「すいすいコース」「チャレンジコース」などのネーミングのグループに子どもたちは自分で選んだコースに入り学習する。コースの名前は、各コースの優劣を意識させない配慮です。途中でコースの変更も可能。最初は友だちにつられて選んだ子も、次第に自分のできない所を学習するコースに向かうようになりました。自分の算数の能力を自覚しつつ、友だちもそれぞれ頑張っている姿を視野に入れて自分への励みともなったでしょう。先生方の準備は大変だったでしょうが、大きな成果があげられました。

・特異な能力のある子

三年生のTさんは水泳の能力が抜群でした。小柄な体のどこからそんな力が出てくるのかと思うようなバタフライでした。水泳の時間には、泳ぎのお手本も見せてもらいました。みんなからすごいねえと拍手されても、得意がることはありませんでした。彼女にとっては、小さい時から泳ぐのは当たり前だったのです。股関節脱臼で生まれたので、生後数週間もしないうちに医師から水泳を勧められたのだそうです。教科の学習の理解はできにくい子でしたが、穏やかでみんなからも好かれていました。時折、水泳教室から依頼状が届き、授業を早退したり休んだりして大会に出場していました。その後もジュニア杯で優勝するなどして、社会人になった今はスイミングスクールでインストラクターをしています。

個のもっている能力を発揮してみんなに貢献すると、集団の能力もレベルアップします。人の長所を認めるのは、自分もみんなに認められての上です。だから先生は、ひとりひとりのよい所を見つけて、お互いが切磋琢磨できる集団づくりを目指しているのですね。特異な能力をもっている友だちを尊敬し、学び合う、そういう友だち関係でお互いを認める心情も育まれるでしょう。

宗教や言葉のちがい

五校時にお誕生会をしました。

Dさんは参加できないのでと家に帰りました。六校時になって「先生、来ました」「よく来たね」と顔を見た時、目にちょっと涙が溜まっているようでした。子どもたちには、彼女は家の宗教の考えで参加できない、と話しました。その後は当たり前に過ごし、誰も何も言いませんでした。

信じている宗教によって考え方や生活の仕方が異なるのは、六年生にもなれば理解できます。様々な宗教があることやその背景についての学習は、憲法「信仰の自由」や歴史の「キリスト教の禁止令」の単元などの見通しをもっていると、ここできちんと学習しようね、と話しておけます。運動会でも演目によって参加できないという子もいます。宗教は個人的なこととして触れるのをタブー視すると、事情が分からない、知識がないなどから憶測を呼び偏見となってしまいかねません。話を聞くと子どもは納得します。また当人にしても、友だちの中で自分は自分として頑張っていける子にならなくてはなりません。

イスラム教徒Oくんの子どもたちの話です。

子どもが埼玉の公立小学校に入学する時、親子で校長先生と面談しました。イスラム教徒なので学校の給食を食べることができないために、お弁当を許可してほしいと。校長先生からは、お祈りをする必要があるのなら、校長室を使うようにと言ってもらえたそうです。ただし、それはどこの学校でも同様に対応されるのではなく、自分たちの子どもは恵まれていると話していました。後にたまたま入手した本にも、その話が載っていました。(注1)これから先、三人の子どもたちは中学、高校と進学し社会生活の場が広がります。様々な人間関係のなかに生きていくようになります。お祈りをはじめ、食事や服装などの戒律のあるイスラム教、それを信仰する人たちを、受容する社会でなくてはいけません。イスラム教に限らず、キリスト教、仏教、神道など様々な宗教をもつ人々の社会です。信仰の自由は法で守られています。人の生き方は多様であるのを大事にする基盤を、体験しつつ学んでいくのが学校生活の場です。

・中国からの留学生家族

父親が留学生として大学で勉強することになりました。父親は日本語は堪能ですが子どもと母親は日本語ができませんでした。それでも、三年生の子は、国語の時間に、別室で個別に日本語指導の先生の指導を受けて、どんどん言葉を習得していきました。それに対して、母親が取り残されているのを心配した担任は、PTA役員さん方と相談しました。そこで、母親に指導者になってもらい、水餃子の調理実習が計画されました。家庭科室に二〇数名参加して和気あいあいの実習。その時参加した人から、スーパーや薬などの日常の買い物の手助けをしたい、と声が上がり、次の交流が始まったのでした。まずかかわることで、何をしたらよいかがみえてきます。親が生き生きすると子どもも活発になりました。子どもの精神的な安定の基盤は家庭です。担任の先生が子どもの背景を見届ける意味はここにもありました。

友だちから見た友だち

座席表の用紙を教卓に置いて折に触れて気づきをメモしていました。五年生のMくんとSくんがその用紙を一枚ほしいと言って、二人でなにやら書き込んでいました。後でもらうと全員の子について気づきが書いてありました。

K—ふざける。I—はないきがあらい。T—すぐたたく。C—人の悪口をいう。O—気が強い。N—まじめ。Y—ちょっとらんぼう。F—ぜんぶいい、悪いとこはない。H—気が弱い。E—なまいき。A—こわい。…

それぞれについてよく見ています。しかも自分たち二人は「悪いとこなし」としていました。「ぜんぶいい」とあるFは、クラスのボスで担任にとっては手を焼かせられていた子ですが、彼らにとっては一目置く、憧れの存在なのだと気づかされました。「分からない」というのはありませんでした。

直感的な印象かもしれませんが、友だちのクセや人柄などは、クラスに多様な友だちがいるから目立って見えるのでしょう。毎日の生活では「おはよう」「昨日休んだね」「うん」そんな言葉が表情やふるまいとともに交わされます。その言葉は「心配したよ」「ありがとう。元気になったよ」そのような意味を伴っています。そして二人の間にコミュニケーションが成り立って、友だち関係も進みます。コミュニケーションは、お互いの間に言葉が単にいったりきたりするのではなく、受けとめた言葉を自分で解釈して、自分の言葉にして相手に返す、そうして言葉はそれぞれの心で変容していきます。お互いの心、精神が変化するのがコミュニケーションです。そういうコミュニケーションによって人間関係がつくられていきます。学級担任の先生が、まず最初に学級集団、仲間づくりに心をくだくのもそのためですね。仲間づくりが整っていると、みんなに受けとめてもらえる安心感で自分を発揮できます。先生は、人間関係をつくっていくプロなのです。

ところで「先生になりたい」という思いを強くするのが、教育実習だとよく聞きます。汐子先生の「教生日誌」が収録された本があります。(注2) 時は昭和一九年六月。軍事教練、警戒警報、非国民などの言葉や様相を除けば、教室の先生と子どもたちの風景は今日とほとんど変わりないです。教育活動の本質は変わりないものなのでしょうね。「教生日誌」には、折々の子どもの言葉が名前とともに書き留められています。四年生であのように考えることができるのだと驚いたり、慕ってくれる子どもたちに感激したりの日々です。子どもは感性のありのままに接してきます。そして、教生の先生の授業に子どもたちは活発に発言し、協力してくれます。それはとりもなおさず、担任の先生がそういう子どもたちに育てているからです。日経新聞のコラム「春秋」(2021.3.30) に歌会始の木下玲奈さんの入選歌がありました。

せんせいと子らから呼ばれ振り返り実習生は先生となる

先生となって、それから、子どもたちとのかかわりの経験を重ねて、教師となっていくのです。

ＡＩの時代になっても

子どもに学力をつけるという点で見ると、将来はＡＩによる教育があげられます。ＡＩで個の能力を診断して個に応じた適切な指導が行われるとあります。人間の思い込みなどの誤った判断を避け、より効果的に学力を向上させることが可能となります。すべての子どもたちに対応すべく様々なプログラムの開発も進められています。そうなると、教師は不要になるのではないか、と心配します。新井紀子さんの著書に、一〇〜二〇年後まで残る職業トップ二五が紹介されていました。(注3)一位レクリエーション療法士。二位整備・設置・修理の第一線監督者。三位危機管理責任者とあり、ぐっと下がって二〇位に小学校教師があって、ほっとしました。ＡＩの技術は、教育の領域にもどんどん入ってきています。やがてＡＩ先生が子ども個々の特質を分析し、能力を引き出し、効果的な指導を行うようになるかもしれません。

それでも、生身の先生と子どもたちとの対面での学びは残ると思います。教育には生身の対面、そのこと自体が必要だと思います。猿や犬猫などの動物たちも親に養育されて、餌の取り方や外敵への対処法などを学びます。同様に人間の赤ちゃんも誕生以来、母親や家族とのかかわりによってしつけられ、家庭での教育が施されます。その下地があって、学校教育の場に子どもは送り込まれてやっていけます。学校教育は集団で様々な人間関係を経験しながら行われます。人と人とがかかわりあって営まれます。人をどうやって理解するのか、言葉で意思を通じあうにはどのようにすればよいのか。そういうことは、生身の先生と子どもの対話を通じてでしか学べないのです。また、社会に出てからも様々な組織で人間関係をつくりながら、社会の構成員として生きていくようにならねばなりません。人と人とがかかわりあう人間社会に生きていくのです。だから学校教育は、先生と子どもとが全人格を対峙させて、お互いの人間性を交わしていくのです。

ＡＩ先生は、その子にとってはより賢明な判断を教えてくれると思います。しかし、人間は、ＡＩ先生が示すのとは逆の、自分がこうしたいと考える方を選びたいという思いがあります。たとえ結果的にそれが失敗だったとしても、自分の判断選択を納得するから受けとめることができます。そして失敗から何らかの糧を得ることができるのです。ＡＩは間違いを犯さないでしょうが、人間はえてして間違いを犯すものです。それが人間性という味わいともなるのです。だから、人間の対面の教育はなくならないと思っています。

Ｈくんは、五年生の時に三重県から転校してきて、六年生の夏休みに転出していきました。その彼が、出張で広島に来たと、ひょっくり家を訪ねてきました。四〇歳になった彼と積もる話をしたなかで、彼が小学一年生の時に「子ども俳句」で優秀賞をもらったと教えてくれました。

かあさんのプールとうばんサングラス

なんてすてきな俳句でしょう。彼の出身が、芭蕉の生誕した伊賀の里だったのも初めて知りました。修学旅行では俳句と短歌を詠むという課題も出していたというのに、気づきもしなかったです。今さらどうしようもないですが、改めて、子どもの個性を見ることの難しさを思います。そもそも、才能を見抜くには、こちらに素養も必要でしょう。ＡＩ先生ならとっくに見抜いていたはずです。もし俳句の道を勧めて、彼が俳句の道に進んだとしたら、今日の彼とは異なった人生を歩んでいるかもしれないです。そうしたら、出張の途中に我が家を訪ねてくれることもなかったでしょう。「才能を見抜けなくてよかったなぁ」と小さく思います。

六年生の夏休みにさよならもできずに途切れてしまったクラスの友だち。彼にとってあのときのままの友だちを、今フェイスブックなどで探し出しては、みんなをつないでくれています。彼のかけがえのないひとりひとりの大事な友だち、その情感は小学校時代に培われたのだと思います。

最初のエピソードの子どもたちも、社会に出て「どうしたの？」「お熱」「三八度」などと応答しあう大人になっているでしょう。

（注１）佐藤兼永『日本の中でイスラム教を信じる』　文芸春秋　2015　pp. 103-106
（注２）川口汐子・岩佐寿弥『あの夏、少年はいた』　れんが書房新社　2005
（注３）新井紀子『ＡＩ vs. 教科書が読めない子どもたち』　東洋経済新報社　2018

葛藤して育っていく

高学年の子どもたちが行き交う廊下の壁に立体地図模型を掲示しました。全日本、北海道、東北から九州まで全八枚。今までは教材室に収めており、授業で必要な時に持ち出して使っていました。せっかくの立体地図模型をふだんから子どもたちの目に触れさせてやりたい、デコボコのある立体地図は子どもたちも楽しいはずと思ってのことでした。

ところが、掲示して二週間たった頃、高山の所が破られ、翌週には地図模型五枚にも破れは広がっていました。全校朝会で生活指導担当者が話しました。「みなさん！」と呼びかけて注意をしても、その行為をした子はほんの数名でしょう。ほとんどの子にとっては覚えのない話です。でもみんなの中には、破れているのを目にした子もいるはずだし、いたずらをしているのを見た子もいるかもしれない。あるいは全く気づかないなど様々な子たちがいる全校児童です。「みなさん！」と呼びかけて指導する意図は二つあります。ひとつは「公共物を大切にすること」。もうひとつは「もし気がついたことがあったら教えてほしいこと」です。情報提供は当該者を教え諭したいためです。各学年、学級で改めて指導が行われて、ほどなくいたずらをした五名が判明しました。五年、四年、三年の子たちでした。

このような場合には、じきに該当者が判明します。大勢で生活しているから誰かが目にしやすいのでしょう。しかし、子どもは気がついたらすぐに先生に言うとは限りません。先生に誰か知っている者はいないかと問われて、初めて自分も知っているよと口にすることが多いです。それは、意識的に隠しているのではなく、先生に言わねばならないという認識があまりないせいのように思われます。また、掲示場所は高学年の教室の近くでしたが、図書室への廊下でもあり、全学年の子どもたちが通っている場所でもありました。それで、高学年だけが地図を眺めるのではなく他の学年の子どもたちも関心をもって見ていた事実に気づかされました。

デコボコのある立体的な地図が子どもたちの興味をひいたのは確かです。つい高い山を触りたくなる。この高くなっている山の中はどんなになっているのだろうと確かめたくなるのも当然でしょう。そういう子どもの心理を理解しきれていなかったこちらの負けでした。再び教材室に戻しました。その後は粘土で修理して学習させるしかない。そうすればそうしたで、また何かの興味を沸かせる子どもが出てくるかもしれない。その時にはその時で、対処していくしかないです。それが子どもたちの学校生活です。

子どもはあれこれ好奇心を膨らませながら生活しています。興味関心にかられて行動して、叱られても叱られてもいたずらを繰り返してしまうのが子どもです。大人からすれば「前にも言ったでしょう」と言いますが、子どもにとっては、一つ一つの事柄は全く別々であって、繰り返したという認識はないのです。子どもは悪の方に関心をそそられます。でも、悪いことをしてその子なりに反省をしてもがいているのです。そう言うと、そんなことはない、叱られてもすぐにケロッとしていると言われます。それは、叱られたことがその子にとっては、すぐにやり過ごして忘れてしまえるような他愛ないものだからです。叱られることが多い子どもほど、自分がなぜ叱られるのか理解しがたく、混乱しながら育っていくでしょう。

それに対して、あまり叱られない子もいます。多くの子がそうでしょう。しかし、その子たちも人知れずよくないことをして育っていくのです。そのために、どの子にも、生活の場や道徳科での指導が必要です。例えば、低学年での「公共物を大切に使うこと」は、高学年の「遵法精神、公徳心」へと内容を広げて、発達段階に応じて繰り返し教えていかねばならないのです。しかも、指導すればきちんと応じて育っていくとは限らないのが子どもでもあります。様々に葛藤しながら育っていく子どもの姿から、その意味について考えてみたいと思います。

解決をみなかった出来事

図工の時間に教室で金づちを使い、終わりの会の後で数人の女子が残って作業の続きをしました。途中で担任は、金づちを道具箱に片づけて帰るように言って、職員室に行きました。翌朝、複数の机に金づちのようなもので打たれた跡がありました。担任は話しました。

「六年生のみんなは、学校の物を大事にするのはよく分かっているはず。判断はできるはずなのに残念だ。何か知っていることがあったら、正直に言ってきてほしい。」そのうち誰かが何か言ってきてくれるだろうと待ったけれど、一週間たっても誰も何も言っては来ませんでした。その間、噂が流れました。「残って作業をした中の一人が最後まで居残っていた」と担任の耳にも入ってきました。「何か自分の思いがあるなら、先生に教えてほしい」と再度話しても、何も変わりませんでした。担任は、子どもたちに接する態度に何が問題だったのか、と自分の非力を悩みました。噂になった子の母親から校長室に電話が入りました。「うちの子が犯人にされています。担任の先生に言っても、犯人探しはしませんと言われる。でも、疑われているうちの子はどうなるんですか。」親としては当然の切実な問題です。

担任の指導の仕方に課題もあったでしょう。子どもを信じる、子どもの尊厳を守るのは大事ですが、居残っていた子どもたちに直接話を聞くことやその時機を逸してしまって、さらに他の問題を生じさせてしまいました。時間を過ごしてしまったことは、居残りをした子のみならず、クラス全体に相互不信の気まずい感情を漂わせてしまいました。ただ、こういう場合の指導の仕方は担任によりいろいろあると思います。ここでは指導のあり方ではなく、子どもについて考えてみたいと思います。

金づちは、打つ、叩く道具です。手にしたら、ふと叩きたくなる遊び心が生じるでしょう。初めは弱く、次第に強く、今度は意識的にある子の机を、と次第に発展する。子どもに、どうして机を叩いたのかと問いただしても「ただ何となく…」としか答えられないでしょう。いけないと分かっていながら、ついやってしまうのです。悪への誘惑、それは子どものみならず大人でも同様にあるものです。

担任が「犯人探しはしない」と子どもたちに語りかけたのは、正直に言ってくれると期待したからです。クラスの子どもたちが、正直に話そうとする子に育っていての「犯人探しはしない」だと思います。犯人探しは、誰が犯人かが分かるとそこで一件落着となります。

誰が犯人かが分かる必要もありますが、犯人がみつからないゆえに学べることがあります。どうしてこういうことが起きたのか、様々に想像してみるのです。子どもたちの交友関係はどうなっているのか、何かトラブルの気配はなかったか、叩かれた机が複数あったのはその子たちにかかわるのか、あるいは意図的に複数の机を叩いて誰かを特定されないようにしたのだろうか。どうして名指しの噂が流れたのか。もしかすると、自分を疑われないように、自分を守るために他の子に罪をかぶせようと噂したのではないか。子どもの現状を様々な視点からみつめなおす作業です。

「犯人探しはしない」という言葉に、必死で嘘を守り通した子は、どんな心情をもったでしょう。「こうして隠し通したらいいのだ」と学ぶかもしれません。これから先、その思いが強く働いて、よくない方向に育っていくかもしれないというリスクをはらんでいます。

隠してドキドキしながらその時を過ごした子。それはその子にとって苦い経験として心の底に淀みます。嫌な自分を嫌悪し、忘れよう、なかったことにしよう、そう思っても事実は消えません。もうあんなことはしない、嘘をつく自分はいやだ、と様々に反省し、自分で自分をよい子にしようと励まします。その経験は、その子をきっと思慮深く成長させていくだろうと思います。この反省する心は、家族や教師からも教えられますが、内心については教えられてできるものではないのです。

子どもは身近な親や友だちに愛され受け入れられて、その集団に生きていくことができます。少なくとも嫌われることは怖れです。チンパンジーやボノボも集団の規則違反をしたら身を縮め反省するそうです。その類人猿の系統につながる人類にも生来備わった反省心なのです。ただし、訓練しなくては身についていきません。

子どもは先生の言う通りにはできないし、思いもよらないことをします。一人二人のために学級の規律も崩れる、授業もうまく進まなくて、先生は苦悩します。その先生の様子を子どもたちはちゃんと見ています。自分自身が四苦八苦していると相手の四苦八苦が分かります。先生も子どももお互いの未熟な部分に共振しあっているのかもしれません。そして子どもは、先生が自分たちにどんな言葉で、どのように接してくれるのかをかたずをのんで見ています。でも、子どもの心身の成長は早いものです。ある日ある時、すっと次のステップに上がっていきます。

根底となるようなもの

子どもは九～一〇歳の頃に人としての人格の根底となるようなものが整います。物事を相互に関連づけて理解できて、各種の基本的な概念が生じる、とピアジェは説いています。(注1)

自分自身の九歳の頃の経験です。

家の中に落ちていた一円を拾い、祖母に言わないで、こっそり駄菓子屋に行き芋飴を買ってきた。サツマイモで作られた芋飴は一円で二個買えた。買い食いはいけないと言われていた。それまでの芋飴は妹から分けてもらった。妹は祖母からしばしばお使いを頼まれており、おつりをもらっていた。私は、お使いはいやでしなかった。自分ひとりの芋飴をお風呂焚きをしながらこっそり食べた。新聞紙に包まれた芋飴の白い小麦粉がズボンの膝に落ちたのが、はたいてもなかなかとれなかった。芋飴の甘さは残っていないけれど、その時の情景は心にくっきりと刻まれています。その頃に買ってもらったスチーブンソンの『宝島』を繰り返し読んで物語の世界に入り込んでいました。もしかすると本の世界に逃げていたのかもしれないと思います。

柳田国男は、九歳の時二年越しの苦しいウソをついていた経験があると「ウソと子供」に書いています。(注2)ウソについて、民俗行事、芸能、文学など広く展開し考察しています。ウソを許容するのではないですが、その内にある事柄を様々に読み取ることで、子どもや子どもを取り巻く社会関係の理解が深まるのだと思います。

「人間が生きていくのに、無駄なものは何もない」とよくいわれる言葉です。そうだとすれば、子どもが生きていく上での善悪の諸々がその子の成長に必要なものでしょう。大人は子どもによいことのみを経験させようとします。よい子に育ってほしいがための善意です。しかしそれはかえって、子どもの成長を偏らせてしまいます。正の経験のみでは軟弱です。正負の経験が精神を鍛えてくれます。そして、迷い悩み苦しんで、ある子は妥協し順応していくでしょうし、またある子は克服して新しい道へと踏み出すでしょう。それぞれの子どもの、葛藤を乗り越えていく姿があります。葛藤が成長させてくれるということです。

子どもは心身ともに柔軟性が大きいです。失敗してもやり直しがいくらでもできるときです。理不尽を被って悩む場合もあるでしょう。それは、自分がとった行動を悔やんでいるのです。その年齢なりの生活経験をして、悩み迷い四苦八苦していってほしいと思います。それらは、様々な試練がある社会にたくましく生きていく基礎になるはずです。

教師の葛藤

自分自身も教師生活で葛藤をして仕事をしてきたのを思います。教師という仕事を通して身についたのだなあと思うことがあります。

一つは、切りかえです。「先生は二重人格みたい」と子どもに言われました。さっきまでは怒っていたのに、授業になったらいきなりニコニコ笑いだすと。授業は進めねばなりません。いつまでも感情を引きずるわけにはいかないです。「ハイ、次！」と切りかえです。子どもはもっと切りかえが早いです。注意されてシュンとなっていても、じきに「今度の体育はサッカー?」と言ってきたりします。いつも次をみつめて進んでいきます。切りかえが早くなったのは、子どもから伝わったのだろうと思います。

二つは、聞くことです。人の思いは言葉を聞いてみなければ分からないものです。教師一年目に、一年生学級担任の他に家庭科も担当して四苦八苦でした。六年生が家庭科の授業をどう思っているのかさっぱり分からず、一学期末に感想を書いてもらいました。「授業はまあまあです」「じょうだんなど入れて楽しい授業にしてほしい」などとあり、そうか、そういうことだったのか、聞いてみてよかったと心底思いました。校長になって保護者による学校評価を実施しました。市内の小中学校はまだどこもやっていなかったので、大学や一般企業なども参考にして評価表を作成しました。実施結果、保護者の前向きな評価に、教職員ともども、学校教育活動に真摯に向かう意識を新たにしました。聞くという原点は、家庭科の六年生が教えてくれたのでした。

三つは、手抜きをしないことです。子どもは自分のしたいことに純粋に懸命に取り組みます。利害損得なく、手抜きもしないです。世間では、いかに効率よくするかが優先されます。エネルギー消費を節約するために合理的に、手抜きをし、うまく生きていくように求められもします。子どもは決してそういう生き方をしないです。そのような子どもたちと、四〇年近く共に生活してきました。それで子どもたちの懸命に取り組む姿勢が、自分の身にも沁み込んでいったのかもしれません。知らず知らず手抜きをしないで、手間暇かかるのを厭わない性分になっています。

教師という仕事は、重ね重ね、子どもに教えられる職業だと思います。子どもに教えられ、子どもから学び身についたのは、教師の資質となるものでした。それはとりもなおさず子どもによって教師になっていったということです。とはいえ、完璧な教師になれたわけではなく、不完全な人間性をさらけ出したままでした。不完全さゆえにどうすればよいかと葛藤し続けたのです。教師となっていったその過程はまた、ひとりの人間として形成されていく過程でもありました。今も人間形成の途上です。

教師に限らず、人はどういう職業に就いてもその仕事をしながら仕事を身につけていきます。そしてまた仕事を通して人間としても成長していくのです。葛藤するのは不完全ゆえにであり、よりよくと前を向いて生きていくからだと思います。

子どもたちと共にある教師という仕事の幸せをしみじみ思います。

（注1）滝沢武久ほか『ピアジェ　知能の心理学』有斐閣新書　1989
（注2）柳田国男『柳田国男集　第七巻』筑摩書房　1977　p.249

あとがき

生きとし生けるものはみな世代交代をしながら種を存続させています。多くの生物は、体内に組み込まれている遺伝子によって先天的にその手法や知恵が伝承されます。しかし人間は、より多くの部分を後天的な教育によって育ててきました。教育は、社会機構のそれぞれの部分で内容や方法を異にしながらもたゆまず続けられていますが、とりわけ小学校教育は、将来を担う子どもたちを育てる専門組織として重要な役目を担っています。

その専門組織の要となるのが教師といえるでしょう。著者は教職に就いて以来、多くの先輩方に学び教えられてきました。今度は自分が得たものを次の世代の先生方に引き継がなければなりません。それは教師という仕事をしてきた者として、後輩の先生方への責務でもあると思います。

教師という仕事はまことに味わい深い、限りなく幸せな仕事だと痛感しています。次の世代の先生方に、言い尽くせない願いや期待を込めて、心からエールを贈りたいと思います。どうか情熱と希望と自信をもって、教師を全うしていただきたいと願っています。

本書は直接間接の多くの教え子たちがいて、書くことができました。今は立派な社会人として活躍している人たちにも話を聞かせてもらって、改めて小学校教育の重要な意味や深さを考えさせられました。貴重な楽しい時をいただいたことを感謝しています。

最後に、広島大学大学院人間社会科学研究科教授　木村博一先生には著者の現役時代から今日に至るまで、一貫して貴重なご指導を賜りました。謹んでお礼を申し上げます。出版に際してはこのたびも溪水社の木村逸司氏にお世話になりました。重ねてお礼を申し上げます。

二〇二一年一二月

石川　律子

著　者
石川　律子（いしかわ　りつこ）

1944年広島市生まれ。兵庫教育大学大学院学校教育研究科修士課程修了。幼稚園、小学校、ウイーン日本人学校教諭などを歴任、2004年広島市立己斐小学校長を定年退職。

著書
『仮面——小学校教師の教材探訪——』溪水社　2007年
『小学校の教師——子どもを育てる仕事——』溪水社　2011年
『小学校の子ども——学びの基礎を見つめて——』溪水社　2017年

小学校の先生へ

2021年12月25日　発　行

著　者　石川　律子
発行所　株式会社溪水社
広島市中区小町１－４（〒730-0041）
電話 082-246-7909　FAX082-246-7876
e-mail: info@keisui.co.jp

ISBN978-4-86327-576-8 C0037